De l'économie d'abondance à l'économie de rareté

Patrick Artus
Olivier Pastré

De l'économie d'abondance à l'économie de rareté

Odile Jacob

15, RUE SOUFFLOT, 75005 PARIS

www.odilejacob.fr

ISBN : 978-2-4150-0418-7

Introduction

En cette fraîche matinée de janvier 2031, la présidente de la République (dont nous tairons le nom pour ne pas susciter d'« anticipations irrationnelles »...) a de quoi se réjouir. En ce tout début d'année, période traditionnelle des bilans et des vœux, elle a de bonnes raisons d'être optimiste. Presque tous les indicateurs sont au vert. Bien sûr, il existe encore des problèmes à résoudre et des choix, parfois difficiles, à faire. Mais que de chemin a été parcouru en moins d'une décennie marquée à son origine par la rancœur, la colère et parfois le renoncement !

C'est peut-être au plan international que le plus grand nombre de choix délétères ont été écartés. Le multilatéralisme a repris ses droits, ce qui a permis de résoudre de nombreux conflits et s'est traduit de manière très concrète par une croissance presque sans précédent. Au plan monétaire, les tensions se sont apaisées. Certes, le dollar reste la monnaie pivot du système monétaire international. Mais à la remultipolarisation du monde correspond une remultimonétisation qui profite assez largement à la zone euro. De même, au niveau des institutions, le repli sur soi qui avait été la marque de l'ère « trumpiste », antérieure à la pandémie, a perdu du terrain. Les pays – ou dans certains cas les ensembles régionaux – ont compris que, face à une crise d'une ampleur sans précédent, la nécessité de la coopération s'imposait. D'où le retour en grâce et en efficacité de nombreuses institutions régionales ou internationales considérées auparavant, pour certaines d'entre elles, comme étant « en état de mort cérébrale ».

Sur le front sanitaire, le Covid a, pendant un temps, connu des répliques d'ampleur et de gravité décroissantes. D'autres épidémies se sont manifestées, comme la « variole du singe », mais, là aussi, d'une portée limitée. On peut même considérer que le Covid a été un bienfait grâce à la prise de conscience de la nécessité de l'autonomie sanitaire et du développement des médicaments « génériques ».

Si l'on en vient au domaine strictement économique, des réformes jugées impensables au début de la décennie ont sinon abouti, du moins progressé à pas de géant. Ainsi en est-il de la transition énergétique avec la mise en place en 2029 d'une taxe carbone enfin digne de ce nom (360 euros contre 80 aujourd'hui). De même en est-il de la régulation des Gafam avec trois piliers établis à des hauteurs relatives adaptées à chaque spécificité nationale ou régionale : la taxation, la protection/commercialisation des données personnelles et, plus rarement, le démembrement. Pour compléter ce tour d'horizon, on peut ajouter les règles prudentielles de la banque (Bâle III) et de l'assurance (Solvency II). Ces normes, édictées en période de croissance forte, complètement inadaptées aujourd'hui, accentuant le rôle procyclique de la finance, ont été révisées en 2025 pour enfin permettre aux institutions financières de servir à nouveau les entreprises qui en ont le plus besoin. À noter que, sur ces trois chantiers, rien n'aurait pu se faire sans l'accord des États-Unis qui ont enfin compris que, face à la montée en puissance de la Chine et des principaux pays émergents, la défense parfaitement légitime de leurs intérêts les obligeait à prendre aussi en compte les intérêts de leurs partenaires géostratégiques traditionnels.

À mentionner enfin, à l'échelle internationale, le retour en force des pays émergents. Ces derniers ont été particulièrement fragilisés par la crise Mais leur stratégie de montée en gamme de leur production leur a permis de rebondir plus rapidement que leurs concurrents des pays développés, même si des zones de fragilité subsistent, et de leur redonner le rôle de colocomotives de l'économie mondiale, rôle qui avait été le leur jusqu'au tournant des années 2010. Au plan strictement national, la France peut aussi s'enorgueillir d'un nombre significatif de progrès. En matière de réindustrialisation, les progrès accomplis ont été plus importants que ceux prévus au départ, grâce certes aux aides publiques y compris européennes, mais grâce aussi à la prise de conscience par les entreprises des risques d'une dispersion trop poussée des chaînes de valeur. Cela s'est traduit par une augmentation des gains de productivité (qui s'explique aussi par une numérisation plus efficace et par une amélioration de la qualité de la main-d'œuvre) et donc de la croissance potentielle.

Au niveau social, grâce à un effort sans précédent en matière de formation et, en particulier, de formation professionnelle, le taux d'emploi, indicateur bien plus important que le taux de chômage, s'est enfin redressé. De manière inattendue, l'amélioration sur le front de la quantité de travail s'est accompagnée d'une amélioration de la qualité de celui-ci. Certes, de nombreuses inégalités subsistent et certaines même se sont accentuées, mais la précarisation généralisée a cessé d'être la norme, une meilleure maîtrise du télétravail n'étant pas pour rien dans cette évolution encourageante. En matière de pouvoir d'achat, le choc initial a été très dur, d'autant plus dur que la part des dépenses contraintes (logement, chauffage, alimentation…) ont eu tendance à augmenter. La divine surprise tient au fait que l'inflation, véritable carburant de la baisse du pouvoir d'achat, n'a pas dépassé un certain seuil, comme le prédisaient certains économistes. Si l'inflation a sérieusement augmenté par rapport à l'« électroencéphalogramme plat » des années 2000 et 2010, elle n'a pas explosé grâce à une donnée fondamentale, sous-estimée par nombre de politiques et de citoyens : tant que, à l'échelle de la planète, il existe plus de gens qui cherchent à travailler que de travail disponible, cela crée une pression à la baisse des salaires et des prix plus forte que celle, à la hausse, liée au prix des matières premières quelles qu'elles soient.

Enfin, dernière bonne surprise, les dépenses publiques ont enfin pu être maîtrisées. Cela n'a certes pas été « un long fleuve tranquille », mais la plupart des populations ont enfin compris que l'arbitrage à faire de toute urgence était celui entre leur « confort » et l'avenir de leurs enfants. Ce revirement complet de philosophie a permis aux États, contraints par ailleurs à de nouvelles dépenses publiques imprévues, d'initier ou d'accélérer des réformes différées d'élection en élection depuis plusieurs décennies. Cela, conforté par une volonté politique de simplification administrative enfin mise en œuvre, a permis d'entamer de manière volontariste une spirale vertueuse de sobriété et d'efficacité de l'action publique.

On peut rêver. Ce scénario rose fuchsia a peu de chance de se réaliser en l'état. Mais il permet de balayer l'ensemble des défis que notre monde aujourd'hui a à affronter.

Le monde est en train de changer. Presque du tout au tout. Pour simplifier, et c'est la thèse centrale de ce livre, nous passons d'un monde d'abondance (même si celle-ci était souvent mal distribuée) à un monde de rareté. Cette rareté se décline à tous les niveaux. Au niveau géoéconomique, certaines ne sont pas nouvelles mais se sont dramatiquement accrues depuis le début de la crise. Au niveau du réchauffement climatique, nombreux sont ceux qui ont enfin touché du doigt ce que pouvaient être des pénuries énergétiques. Mais d'autres raretés peuvent paraître plus

« nouvelles ». Ainsi en est-il de la rareté des compétences directement productives sur le continent africain ou même sur le continent chinois. Cette rareté se retrouve aussi au niveau du capital. Pas du capital en général, qui est probablement trop abondant, mais à certaines formes de capital (comme le *private equity* par exemple), qui est plus que jamais nécessaire en temps de crise et que la défiance des investisseurs face à tout risque rend plus rare aujourd'hui.

Au niveau macroéconomique, il est inutile d'insister sur la rareté des capitaux publics, non pas pour entretenir le système existant, mais pour financer les dépenses d'avenir. De même, nous serons amenés à explorer toutes les raretés qui ont été mises au jour ou qui se sont creusées en matière de travail et d'emploi. Au niveau microéconomique, nous retrouverons ces problématiques, mais nous mettrons aussi à jour une nouvelle dimension qui est celle des « goulots d'étranglement » qu'ont créés « dans l'ombre » l'étirement et la complexification des « chaînes de valeur » générées par la mondialisation.

Nous pourrions décliner bien au-delà la liste de ces raretés qui constitue le cœur même de ce livre, mais l'essentiel, avant de rentrer dans le vif du sujet, est de noter que, en économie, qui dit « rareté » dit « hausse des prix » et pose donc ainsi le problème de l'inflation (et par voie de conséquence celui du pouvoir d'achat). Ce thème, que l'on croyait presque oublié depuis au moins deux décennies, resurgit aujourd'hui avec force. Si l'on veut l'aborder sans idéologie, il est urgent d'être prudent car une inflation mal régulée est ou peut être source de drames individuels mais aussi collectifs, voire de nouvelles guerres.

Après avoir examiné les surprises que nous a « faites » cette crise, nous entrerons dans le détail de toutes ces raretés avant d'esquisser les pistes de réflexion qui nous semblent prioritaires et urgentes.

Notre livre se veut original a un double titre : ce qu'il n'est pas et ce qu'il est. Ce livre n'est pas un livre polémique. Dans une période où il est de bon ton de s'affronter à coups de thèses souvent caricaturales, il nous semble plus utile d'éviter les extrêmes et, au contraire, sur chacun des thèmes abordés, de prendre la plus exacte mesure des enjeux à éclairer.

Ce livre n'est pas non plus un livre de prévision. À l'horizon qui est le nôtre – *a minima* la décennie à venir –, il n'est pas raisonnable de chercher à chiffrer des grandeurs de manière trop précise, en revanche il est bien plus intéressant de qualifier des lignes de force.

Enfin, ce livre n'est pas un livre de propositions ; certes, nous serons amenés à proposer des choix, souvent hétérodoxes et nous ne nous en priverons pas. Mais notre rôle dans ce début de nouveau quinquennat n'est pas de « rejouer le match », plutôt de préparer les prochains jeux Olympiques…

Voilà ce que ce livre n'est pas. Pour ce qu'il souhaite être, nos ambitions sont à la fois immenses et mesurées. D'abord, ce livre se veut modeste, qualité que revendiquent rarement les économistes et, plus généralement, les représentants de nos « élites ». La modestie que nous revendiquons tient à la multiplicité des incertitudes auxquelles nous avons à faire face. Face aux doutes que celles-ci engendrent, pour tout scientifique qui se respecte, la modestie reste la meilleure parade.

Deuxième objectif poursuivi dans ce livre, celui de tordre le cou à toute une série de propositions, selon nous absurdes, qui se sont multipliées au cours des derniers mois dans à peu près tous les médias. Elles peuvent être classées en deux grandes catégories. La moins nocive est celle des fausses bonnes idées : l'idée parait séduisante mais ne tient pas la distance d'une réflexion mesurée. Deux exemples parmi d'autres : l'irrésistible ascension des cryptomonnaies et la possibilité d'une réforme rapide du système de santé (ou, mieux, éducatif). L'autre catégorie est celle des impasses idéologiques. Ainsi en est-il d'une augmentation significative du Smic ou, plus globalement, d'une sortie de crise par la relance de la demande. Cette catégorie est plus nocive car elle emporte plus facilement l'adhésion et nécessite donc plus de temps pour être déconstruite.

Le premier ménage ayant été ainsi fait, reste l'objectif le plus ambitieux qui est de poser clairement les thèmes des multiples débats qu'a lancés ou relancés cette crise. Le terme important ici est « multiples ». Plus on creuse le sujet, plus on se rend compte que ce qui distingue la crise actuelle des précédentes est la multiplicité des dimensions qu'elle prend et, pis encore, dans une économie mondialisée et de plus en plus complexe, du caractère interrelié entre ces dimensions. Pour chacune des interrogations que cette complexification génère, notre ambition a toujours été de peser le pour et le contre afin, à défaut d'apporter une conclusion, au moins de permettre au lecteur d'avancer dans sa propre réflexion. Enfin, dernier objectif de ce livre, que nous ne nous étions pas fixé au départ, celui de faire progresser la science économique. Cette crise a mis à mal tant d'idées reçues et d'*a priori* que, pour seulement apporter des outils, même rudimentaires, à une meilleure compréhension du monde, il est une « impérieuse nécessité » que de forger de nouveaux instruments de travail. C'est l'ambition de ce livre que d'avoir créé « une boîte à outils » permettant d'appréhender le plus objectivement possible les problématiques économiques essentielles éclairant les deux prochaines décennies. Cet objectif peut paraître ambitieux mais n'est pas immodeste. Au lecteur d'en juger…

CHAPITRE 1

Les prévisions déjouées

Un certain nombre d'évolutions importantes qui étaient annoncées au début de la crise du Covid-19, en 2020, paraissaient, à cette époque, logiques, et pourtant ne se sont pas produites.

Il s'agit de la dégradation de la situation financière des entreprises, du redressement massif du pouvoir de négociation des salariés, des relocalisations et de la déglobalisation ainsi que de la détérioration de la situation du marché du travail.

Nous allons illustrer ces différents points par la situation de l'ensemble des pays de l'OCDE et par celle de la France.

Pas de « bain de sang » pour les PME

Avec le recul considérable de l'activité en 2020, on pouvait s'attendre à ce que beaucoup d'entreprises soient en difficulté ; on parlait de « mur de la dette » et de « vagues de faillites ».

Mais rien de cela ne s'est produit : la profitabilité des entreprises est au début de 2022 au-dessus de celle de la fin de 2019 (graphique 1.1) et l'endettement des entreprises net de leurs réserves de trésorerie (de cash) est plus bas aujourd'hui qu'avant le Covid.

Les entreprises sont donc aujourd'hui plus profitables et leurs structures de bilan plus favorables qu'avant la crise du Covid. En conséquence, les taux de défaut (les faillites) sont très bas : en France, le nombre de faillites d'entreprises est aujourd'hui deux fois plus bas qu'avant le Covid, un chiffre impressionnant.

D'où vient cette amélioration de la situation financière des entreprises malgré la crise ? D'une part, bien sûr, des aides publiques, qui ont été considérables : 3,2 % du PIB en France pour l'année 2020 pendant la crise du Covid. Mais aussi d'un effort important de rationalisation et d'économie de coûts par les entreprises (coûts immobiliers, coûts de transport...). Cela révèle la capacité impressionnante des entreprises à réagir à un choc, en plus bien sûr de l'intervention massive des États.

Graphique 1.1.
Profits réels après taxes, intérêts et avant dividendes
(déflatés par le prix du PIB, 100 en 2010:1)

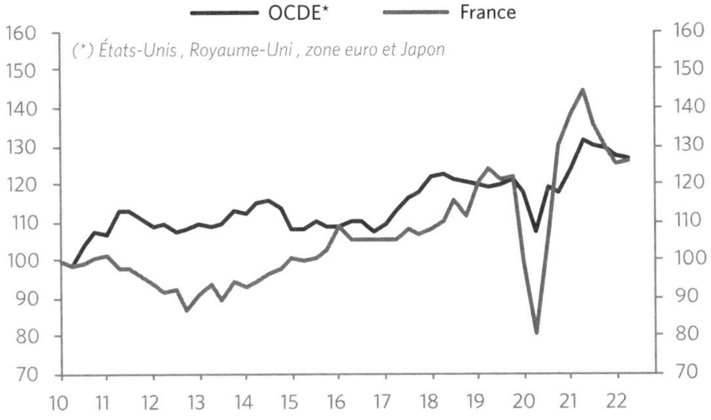

Sources : Refinitiv, BEA, Eurostat, Insee, Natixis.

Le redressement massif du pouvoir de négociation des salariés

La crise du Covid a conduit à un fort changement de l'attitude des salariés. Beaucoup de salariés ont décidé de quitter le marché du travail, particulièrement aux États-Unis et au Royaume-Uni.

La proportion de salariés qui ont démissionné aux États-Unis est impressionnante (graphique 1.2). En France, de très nombreux salariés mentionnent dans les enquêtes qu'ils souhaitent changer de métier ou même arrêter de travailler, même si l'offre de travail globale n'a pas reculé.

Graphique 1.2.
États-Unis : taux de démission (en %)

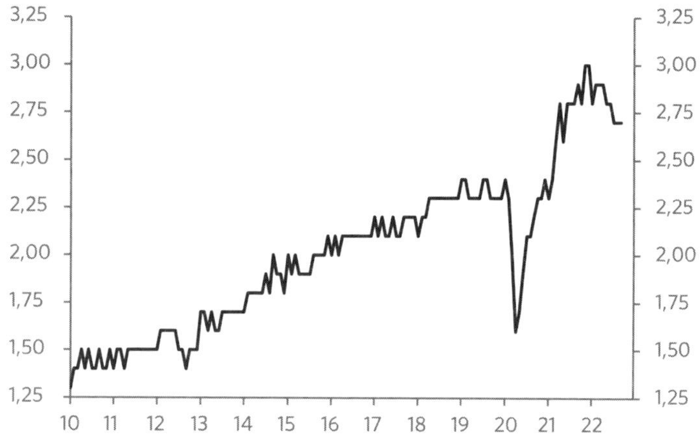

Sources : Refinitiv, BLS, Natixis.

Dans cette situation de retrait des salariés du marché du travail, on pensait que leur pouvoir de négociation allait se redresser au détriment de celui des entreprises et que la part des salaires dans le revenu total allait progresser.

Mais cela n'a absolument pas été le cas. Même si la croissance des salaires a accéléré (elle atteint 6 % sur un an aux États-Unis contre 3 % auparavant et 3,5 % sur un an en France contre 1,5 % auparavant), la part des salaires dans le PIB a encore reculé. On a vu plus haut la très forte hausse de la profitabilité des entreprises. Le taux de marge bénéficiaire des entreprises a augmenté depuis le début de la crise du Covid et jusqu'au début de la guerre en Ukraine pour les pays européens.

On voit donc que, contre toute attente, le pouvoir de négociation des salariés a encore plutôt reculé depuis le début de 2020.

Les relocalisations et la déglobalisation

La crise du Covid a révélé la dépendance des pays de l'OCDE et de la France en particulier par rapport au reste du monde, aux pays émergents et à la Chine : il a fallu importer du matériel médical en France (comme l'ont montré symboliquement les masques) et les vaccins. La transition énergétique conduit au même constat : pour l'instant, la dépendance vis-à-vis de fournisseurs extérieurs pour les matériels nécessaires à la transition (éoliennes, hydroliseurs, réseaux électriques, batteries électriques…) reste très forte.

Le thème des relocalisations, de la nécessité de l'indépendance stratégique, est donc apparu de manière criante. La critique de la globalisation, de l'ouverture des échanges avec les pays émergents, s'est développée.

Pourtant, on n'observe aucun signe de véritable relocalisation ou de déglobalisation. La production industrielle reste affaiblie et le commerce extérieur industriel continue à se dégrader : en 2022, en France, le déficit extérieur pour les produits industriels atteindra 150 milliards d'euros, un record !

Surtout, les importations depuis les pays émergents et la Chine augmentent à un rythme extrêmement *rapide* (graphique 1.3).

Cela révèle à nouveau la dépendance des pays de l'OCDE. Quand la demande intérieure pour l'électronique, l'informatique, l'équipement de la maison, les équipements pour la transition énergétique augmente, immédiatement les importations augmentent, en particulier depuis la Chine.

Bien sûr, la Russie sort aujourd'hui en partie de l'économie mondiale, mais au-delà de la Russie, va-t-il y avoir déglobalisation ? D'abord, on ne l'observe pas du tout quand on regarde les flux de commerce extérieur et d'investissements directs. Ensuite, elle est improbable pour

Graphique 1.3.
Importations valeurs depuis les pays émergents (GA en %)

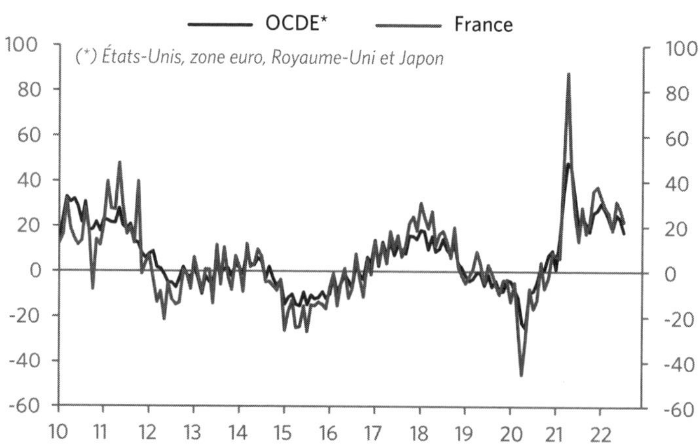

Sources : Refinitiv, IMF, Natixis.

plusieurs raisons : la demande de prix bas est très forte dans les pays de l'OCDE ; or les prix de production sont encore 45 % plus bas dans les pays émergents (y compris la Chine) que dans les pays de l'OCDE, ce qui pousse à accroître au contraire les importations depuis ces pays (graphique 3 ci-dessus).

L'économie déglobalisée est inefficace, parce qu'elle n'exploite pas les avantages comparatifs des pays émergents : par exemple, la capacité de la Chine à produire des biens industriels en grande quantité ou le nombre de diplômés dans les nouvelles technologies en Inde (où 10 % de l'emploi total est aujourd'hui dans le secteur technologique).

Les pays qui ont des stratégies de croissance mercantilistes basées sur le développement des exportations (comme l'Allemagne, la Turquie, la Chine, le Japon, la Corée...) ne vont pas en changer facilement, surtout s'ils sont touchés par le vieillissement démographique.

Le travail de relocalisation des biens pour lesquels la demande augmente rapidement n'est donc pas encore entamé.

Dans un autre registre, on pouvait craindre que la crise provoque une flambée des protectionnismes, comme cela avait été le cas lors de la crise de 1929. Il n'en a rien été ou presque. Certes, on a relevé des tensions protectionnistes ponctuelles (aux États-Unis et en Chine notamment) que l'OMC, en perte de crédibilité, a d'ailleurs eu beaucoup de mal à endiguer mais, au global, le commerce mondial a continué à croître, comme en témoigne de manière symbolique la croissance très rapide du transport maritime.

L'envolée du chômage n'a pas eu lieu

Après un choc aussi violent, on attendait une dégradation durable du marché du travail, une hausse durable du taux de chômage. Ce qu'on a observé, au contraire, est un redressement rapide de l'emploi (graphique 1.4) et une baisse rapide du taux de chômage qui revient à son niveau d'avant la crise dès le milieu de l'année 2022.

Graphique 1.4.
Emploi (100 en 2010:1)

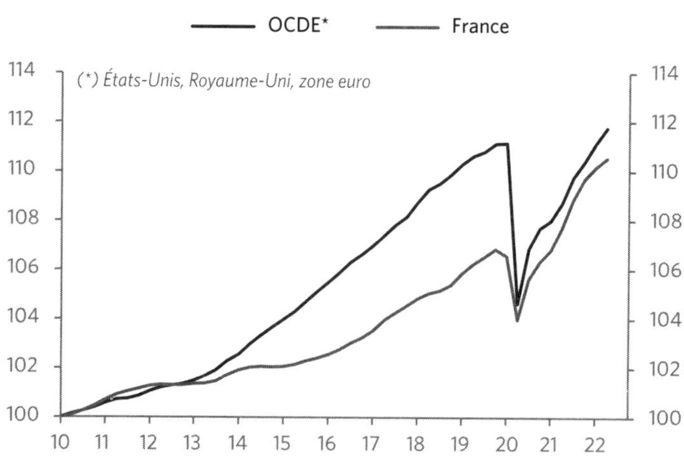

Sources : Refinitiv, Natixis.

Il faut remarquer, cependant, que la situation des États-Unis est différente de celle des autres pays. Aux États-Unis, la baisse du chômage résulte aussi de la baisse du taux de participation des salariés, c'est-à-dire du nombre de personnes qui se présentent sur le marché du travail, ce qui n'est pas le cas dans les autres pays de l'OCDE où ce taux de participation n'a pas baissé.

Cette correction très rapide de la hausse du chômage montre la nature très particulière de la crise du Covid : il ne s'agit pas d'une récession, mais plutôt d'une interruption *a priori* assez courte de la trajectoire de croissance. S'il s'agissait d'une récession comme on les connaissait dans le passé, le retour à la normale du chômage, des faillites, des profits prendrait plusieurs années, comme on l'a vu dans le passé, alors qu'aujourd'hui ce retour à la normale est très rapide.

On a aussi observé qu'il n'y avait pas, à cause de la crise du Covid, la hausse qu'on aurait pu pourtant attendre de la pauvreté et des inégalités, en raison de l'importance des aides publiques : le pouvoir d'achat des salariés a à peine baissé en 2020, puis s'est redressé en 2021.

Toutes ces évolutions attendues (dégradation de la situation financière des entreprises, redressement du pouvoir de négociation des salariés, relocalisation, envolée du chômage et des inégalités) n'ont donc pas eu véritablement lieu : la crise a été amortie par les politiques publiques et par la volonté des entreprises de ne pas laisser leur situation financière se dégrader

CHAPITRE 2

Les (bonnes et mauvaises) surprises

La crise du Covid a fait apparaître un certain nombre de surprises, d'évolutions qui n'étaient pas attendues ou faciles à prévoir.

Il s'agit d'abord de la déformation de la structure de la demande des services vers les biens, puis de l'apparition d'une inflation importante ainsi que d'une hausse brutale des difficultés de recrutement.

La déformation de la structure de la demande

On a vu pendant la crise sanitaire une forte déformation de la structure de la demande des services vers les biens : elle était due aux restrictions sanitaires (confinements…), qui ont empêché la consommation de certains services (transport, tourisme, restauration, hôtellerie, distribution de détail…).

Mais cette déformation de la structure de la demande a persisté après la fin des restrictions (graphique 2.1). Les consommateurs ont accru leur demande de biens (matériel informatique, mobilier...) et réduit leur demande de services (voyages, loisirs...).

Ce report durable de la demande vers les biens peut être attribué au télétravail (d'où des achats d'ordinateurs, de mobilier, d'équipement de la maison…), au développement du commerce en ligne (qui rend moins difficile l'achat de biens), à l'accélération de la transition énergétique (avec les matériels appropriés, éoliennes, hydrolyseurs, piles à combustible, batteries électriques, réseaux électriques…).

Graphique 2.1.
OCDE : consommation des ménages (volume, 100 en 2010)

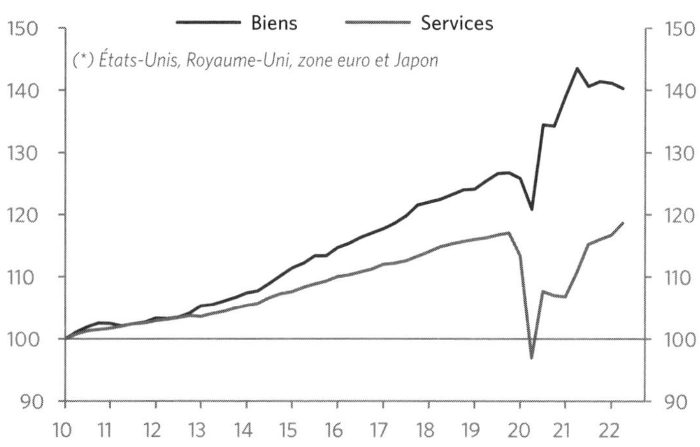

Sources : Refinitiv, Sources nationales, Natixis.

Comme cette déformation de la structure de la demande des services vers les biens n'a pas été anticipée, elle a conduit à de très nombreux goulots d'étranglement. En effet, la production de biens nécessite beaucoup plus d'énergie, de matières premières, de transport, de semi-conducteurs, que la production de services.

Cela explique la forte hausse des prix de l'énergie, bien avant la guerre en Ukraine (graphique 2), des métaux, du transport maritime et des semi-conducteurs, liée à l'insuffisance des ressources en matières premières, de la capacité des ports, de la capacité de production de semi-conducteurs. Les prix des métaux doublent ; le prix du transport maritime est multiplié par sept ; le prix des semi-conducteurs par trois.

Le retour de l'inflation

La grande surprise de l'économie post-Covid est le retour d'une inflation forte (graphique 2.2), succédant à une très longue période d'inflation très faible après la crise des *subprimes*.

Le retour de l'inflation, qui n'a pas du tout été anticipé, a des effets profonds sur l'économie : recul des salaires réels (les salaires nominaux, dans les économies contemporaines, sont imparfaitement indexés sur les prix), pression sur les banques centrales pour qu'elles passent à une politique monétaire plus restrictive.

Graphique 2.2.
Inflation (CPI, GA en %)

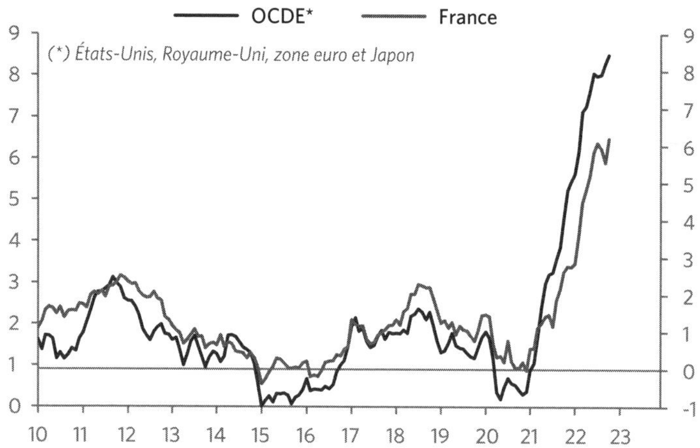

Sources : Refinitiv, Natixis.

Il est donc important de comprendre pourquoi la crise du Covid a conduit au retour de l'inflation. Quelles sont donc les causes de ce retour ?

Il ne s'agit pas d'une hausse du pouvoir de négociation des salariés, qui ferait apparaître de l'inflation salariale. Au contraire, les marges bénéficiaires des entreprises ont augmenté depuis le début de la crise du Covid, comme on l'a déjà vu.

Il s'agit bien sûr des conséquences de la déformation de la structure de la demande des services vers les biens. Cette déformation a conduit à la forte hausse des prix des biens et services nécessaires à la production de biens industriels (énergie, autres matières premières, transport maritime et aérien, semi-conducteurs…).

Enfin, il y a une situation spéciale aux États-Unis puisque une partie importante de l'inflation résulte de la forte hausse des marges bénéficiaires des entreprises.

À l'automne 2022, l'inflation est de 8,5 % aux États-Unis, et 3 points de cette inflation viennent de la hausse des marges bénéficiaires des entreprises. On a donc aux États-Unis une cause très particulière d'inflation : les entreprises américaines ont eu la capacité et la volonté d'accroître leurs prix plus fortement que la hausse de leurs coûts. Il s'agit d'une cause très particulière puisque, habituellement, l'inflation reflète la réaction des entreprises à un niveau anormalement bas de leurs marges bénéficiaires.

À partir de la fin du mois de mars 2022, la guerre en Ukraine renforce encore les pressions inflationnistes, particulièrement en Europe. La hausse des prix vient surtout des prix du gaz naturel et de l'électricité, avec l'arrêt progressif des exportations de gaz naturel russe vers l'Europe et de l'incapacité de l'Europe à compenser complètement ses importations de gaz russe par d'autres sources d'approvisionnement.

Les difficultés de recrutement

Les pays de l'OCDE voient apparaître sur leurs marchés du travail, après la crise du Covid, de fortes difficultés de recrutement (graphiques 2.3 et 2. 4).

Graphique 2.3.
États-Unis : proportion d'entreprises
ayant des difficultés de recrutement (%)

Sources : Refinitiv,NFIB, Natixis.

Graphique 2.4.
Entreprises ayant des difficultés de recrutement
(en écart-type par rapport à la moyenne*)

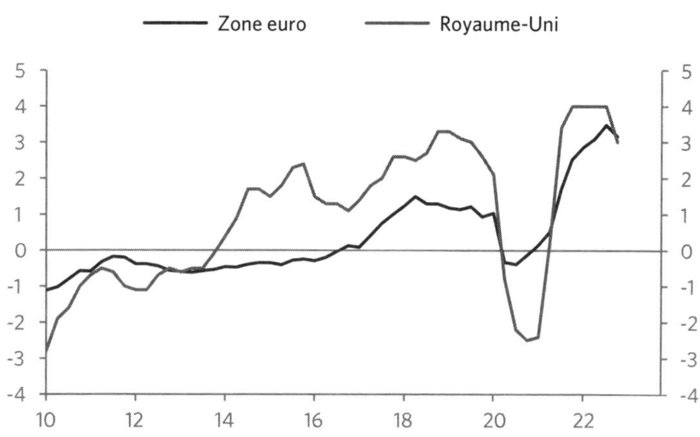

** Moyenne pondérée, données centrées réduites.*

Sources : Refinitiv, CE, BoE, Natixis.

Elles ont des origines diverses. Aux États-Unis, c'est la « grande démission » : de nombreux salariés démissionnent sans revenir ensuite à l'emploi, ce qui crée une forte tension sur le marché du travail. Au Royaume-Uni aussi, l'offre de travail recule, avec un cas particulier qui est le recul du nombre d'Européens continentaux travaillant au Royaume-Uni après le Brexit.

Dans la zone euro, l'offre de travail ne recule pas, mais on constate un désajustement sectoriel massif entre l'offre et la demande de travail. Les salariés européens rejettent les emplois pénibles, à horaires atypiques, et cela génère des difficultés d'embauche dans tous les secteurs d'activité concernés (agriculture, hôtellerie-restauration, industrie...). La tension sur le marché du travail dans la zone euro, particulièrement en France, est aggravée par le recul de la durée du travail par salarié, qui se manifeste à la sortie du Covid. Les entreprises cherchent probablement à attirer des salariés dans les secteurs d'activité les moins attrayants en baissant la durée du travail. On pourrait s'attendre à ce que ces difficultés de recrutement renforcent le pouvoir de négociation des salariés sur le marché du travail, mais pour l'instant, on l'a vu plus haut, les entreprises résistent et défendent leurs marges bénéficiaires.

Au total, le choc essentiel est le passage d'une économie d'abondance non inflationniste, avec, en parallèle, la disparition de règles européennes claires sur les dettes et les déficits, à une économie de rareté inflationniste ; le point de départ de cette mutation de l'économie étant la déformation de la structure de la demande, des services vers les biens. Nous reviendrons plus loin sur cette transition fondamentale.

Dernière remarque : parmi les bouleversements en cours, il en est un, relativement contre-intuitif, qui va, s'il se confirme durablement, transformer les règles du jeu, c'est le retour, certes mesuré, à la valeur du collectif. Comme le note avec justesse Antoine Foucher : « On prend conscience que notre destinée individuelle dépend de notre destin national. Si la France est vulnérable dans une crise sanitaire, moi, individu, je le suis aussi. La fragilité collective c'est aussi la mienne[1] ! » Gardons-nous d'extrapoler que cette évolution nouvelle marque le début de la fin et même, peut-être, du néolibéralisme. Il n'empêche. Si cette tendance se confirmait, cela remettrait à plat de nombreuses problématiques économiques, mais surtout cela ouvrirait la porte à de nombreuses nouvelles réformes incontournables.

1. Antoine Foucher, *Le Monde de l'après-Covid. La fin de l'ère néolibérale*, Gallimard, « Le Débat », 2022.

CHAPITRE 3

Les confirmations

Un certain nombre d'évolutions qui sont visibles aujourd'hui étaient attendues et prévisibles.

Il s'agit en particulier de la numérisation de l'économie, de l'accélération de la transition énergétique, du rôle fortement accru des États et des banques centrales.

La numérisation rapide de l'économie

Les évolutions technologiques, associées à la crise du Covid (télétravail, commerce en ligne, numérisation des entreprises…), correspondent à un effort accru de numérisation de l'économie, qui se voit dans les chiffres d'investissement en nouvelles technologies (graphique 3.1) et robotisation : le stock de robots industriels par salarié de l'industrie augmente de plus de 12 points.

Graphique 3.1.
Investissement NTIC (nouvelles technologies de l'information et de la communication) y compris logiciels (volume, en % du PIB volume)

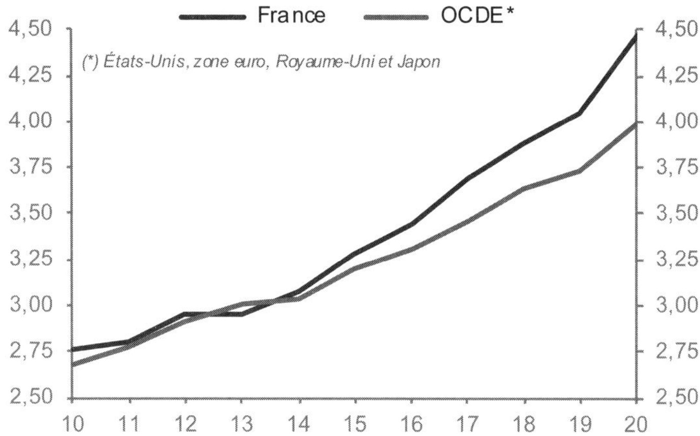

Sources : Refinitiv, OCDE, Eurostat, Natixis.

La question importante pour l'avenir est d'abord de savoir si cette numérisation accélérée de l'économie va conduire à un redressement des gains de productivité ou non.

La numérisation des entreprises n'a pas, dans le passé, conduit à une telle accélération. Cette accélération de la productivité se produira-t-elle aujourd'hui ? Va-t-on bénéficier d'une croissance potentielle plus forte ? En fait, il y a tout lieu de s'inquiéter, car on constate que la progression de la productivité devient pratiquement nulle, pour l'ensemble de l'OCDE, dans la période récente.

Comment l'expliquer ? La numérisation accrue de l'économie a été compensée par d'autres évolutions, en particulier par la poursuite de la désindustrialisation en Europe et par le recul de la durée du travail par salarié, deux tendances qui ont joué en défaveur de la productivité.

L'autre sujet lié à la numérisation rapide de l'économie est l'évolution de la structure des emplois. Le risque est qu'une numérisation accrue amplifie le mouvement de bipolarisation du marché du travail, avec d'une part le développement des emplois dans les nouvelles technologies et d'autre part une croissance rapide de l'emploi dans les services peu sophistiqués (on pense notamment aux emplois dans la logistique). Ce sont effectivement les nouvelles technologies et les services domestiques (distribution, services à la personne, transport, hôtellerie-restauration, loisirs) qui créent aujourd'hui des emplois.

Graphique 3.2.
Emploi manufacturier (100 en 1995:1)

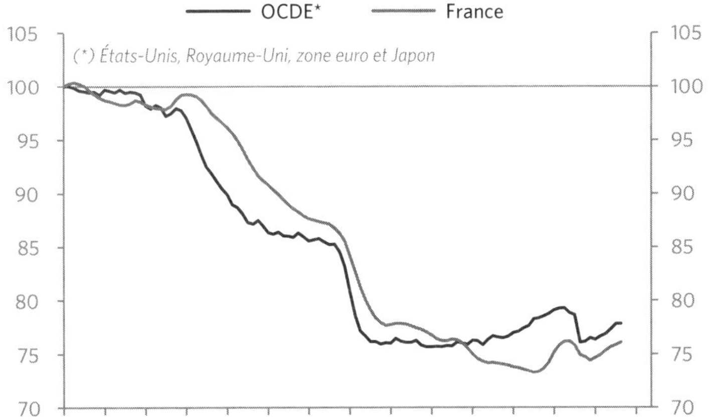

Sources : Refinitiv, BLS, Eurostat, ONS, MIAC, Natixis.

Si la numérisation conduit à la poursuite de la disparition des emplois intermédiaires (en particulier dans l'industrie manufacturière, graphique 3.2), elle contribuera encore à la polarisation du marché du travail et à la baisse de la mobilité sociale.

L'accélération de la transition énergétique

Les opinions publiques et les politiques ont rapproché la crise du Covid et la crise climatique. Dans les deux cas, il s'agit d'une crise qu'on peut attribuer à la dégradation de l'environnement (déforestation...). La crise du Covid a donc poussé à accélérer la transition énergétique.

Cette accélération est indispensable, car les émissions de CO_2 sont encore très loin d'être sur la trajectoire nécessaire pour remplir les objectifs défendus par le GIEC : réduction de 55 % entre 1990 et 2030, disparition en termes nets en 2050 (graphique 3.3)

L'accélération de la transition énergétique va avoir des effets considérables sur les économies. En effet, les énergies renouvelables seront nettement plus chères, au moins dans un premier temps, que les énergies fossiles, avec l'intermittence de la production des énergies renouvelables et le coût élevé de stockage de ces énergies. La hausse des prix de l'énergie va fortement accroître les inégalités de revenu, puisque les ménages modestes consacrent une partie importante de leur revenu à l'achat d'énergie : de 14,9 % pour le premier quintile de revenu à 5,9 % pour le cinquième.

La transition énergétique va aussi conduire à de fortes destructions de capital et d'emplois dans les secteurs d'activité liés aux énergies fossiles : automobile (on attend par exemple en France 120 000 destructions d'emplois dans la filière automobile), production d'énergies fossiles (mines de charbon en Allemagne, par exemple), production de biens intermédiaires (ciment, acier, aluminium) à partir d'énergies fossiles.

Les nouveaux emplois créés le sont dans la production d'énergies renouvelables, dans la rénovation thermique des bâtiments et logements, mais ces emplois sont différents

Graphique 3.3.
Émissions de CO_2 (100 en 1990:1)

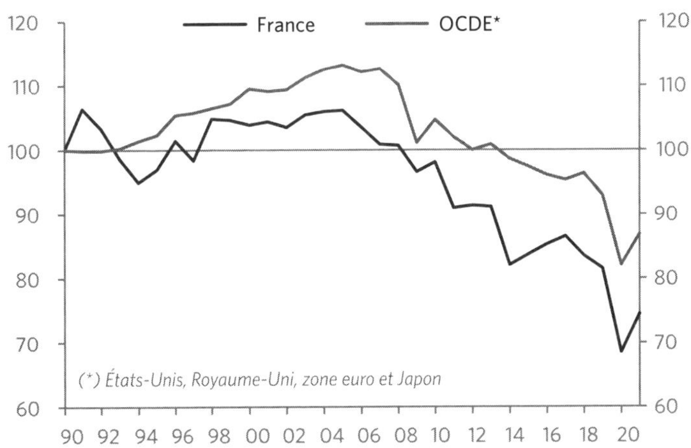

Sources : IEA, BP, Natixis.

des emplois détruits en ce qui concerne les compétences requises, la rémunération et la localisation géographique.

La transformation des besoins et des compétences requises va donc être considérable. Par ailleurs, la destruction de capital va réduire le potentiel de production au moment où l'effort d'investissement devra être massif. En effet, la transition énergétique nécessite des investissements considérables dans la production et le stockage d'énergies renouvelables, dans les réseaux électriques, dans la décarbonation de l'industrie et des transports, dans la rénovation thermique des bâtiments et logements. On estime à 4 points de PIB chaque année pendant trente ans le supplément d'investissements nécessaires, et ces investissements seront difficiles à financer dans une situation où initialement le revenu est réduit par les destructions de capital.

Le rôle accru des États et des banques centrales

Pendant la crise du Covid, les États et les banques centrales ont joué un rôle très important. Les États ont mis en place des déficits publics énormes (12 % du PIB pour l'ensemble de l'OCDE, presque 9 % du PIB en France en 2020) pour éviter qu'il y ait perte de revenu pour les ménages et pour éviter des faillites d'entreprises. Les banques centrales ont massivement acheté des dettes publiques pour rendre possible le financement des déficits publics à des taux d'intérêt qui restent très bas : l'encours de dette publique achetée par les banques centrales des pays de l'OCDE est passé de 10 000 milliards de dollars à plus de 16 000 milliards de dollars en deux ans.

Cette évolution a été prolongée par les effets de la guerre en Ukraine et par le besoin en Europe de soutenir le pouvoir d'achat des ménages entamé par la hausse des prix de l'énergie.

Il est donc évident que tout conservatisme, en matière de politique économique, a disparu pendant la crise. On est passé de règles budgétaires et monétaires à l'absence complète de règles, situation qui dure encore aujourd'hui. Quelles vont être maintenant les évolutions ? Les États veulent conserver un rôle important, en particulier pour accélérer le développement des industries stratégiques (médicament, électronique, matériels pour les énergies renouvelables, intelligence artificielle), d'abord en sélectionnant ces industries, puis en cofinançant avec les entreprises privées les investissements nécessaires.

Les banques centrales ont ajouté de nouveaux objectifs de politique monétaire à l'objectif traditionnel de lutte contre l'inflation : soutenir l'emploi pour réduire les inégalités, augmenter la croissance potentielle pour faciliter le désendettement, contribuer à la transition énergétique. Ces évolutions posent toute une série de questions.

D'abord, les États auront-ils les moyens de leurs ambitions ? Les taux d'endettement public sont très élevés avec la crise du Covid (150 % du PIB pour l'ensemble de l'OCDE en 2022) et pourtant les États veulent intervenir beaucoup plus dans l'économie (santé, réindustrialisation, éducation et formation, transition énergétique, sécurité…).

Est-il possible de maintenir des déficits publics importants ; cela condamne-t-il les banques centrales à la « dominance fiscale », c'est-à-dire à maintenir perpétuellement des taux d'intérêt très bas pour assurer la soutenabilité des dettes publiques ?

Si les taux d'intérêt restent durablement très bas, les États et les banques centrales ne seront-ils pas confrontés à la hausse continuelle des prix des actifs (actions, immobilier – le graphique 4 montre l'exemple frappant des prix de l'immobilier), d'où la hausse des inégalités de patrimoine et un accès de plus en plus difficile à l'acquisition d'un logement ?

Graphique 3.4.
Prix des maisons (GA en %)

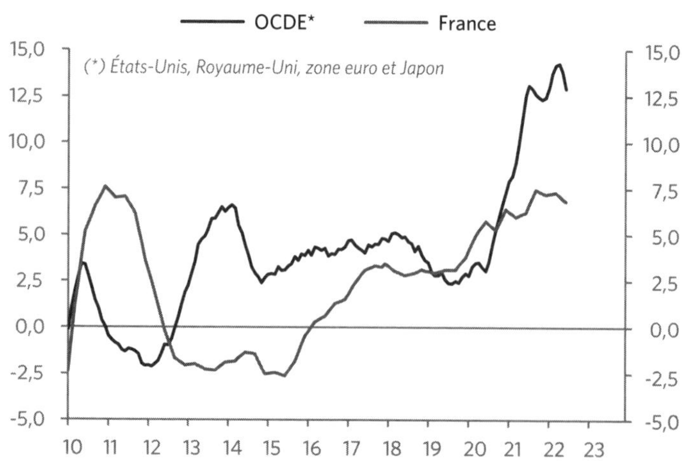

Sources : Refinitiv, Case-Shiller, Halifax, CE, Natixis.

Ce sont, en effet, les ménages aisés qui détiennent essentiellement des actifs financiers risqués et sophistiqués, mais aussi plus rémunérateurs.

Ce maintien d'un rôle considérable de l'État ne va-t-il pas se heurter à des obstacles importants (déficits publics excessifs, bulles sur les prix des actifs) ?

Fin 2022, on voit se dessiner deux évolutions déterminantes concernant le rôle de l'État et des banques centrales.

D'abord, les États réduisent progressivement (dès 2022 aux États-Unis, à partir de 2023 en Europe) leur soutien à l'économie et au pouvoir d'achat des ménages. Ils voient qu'il n'est pas possible de conserver des aides aussi généreuses que depuis le début de la crise du Covid.

Ensuite, l'attitude des banques centrales vis-à-vis de l'inflation évolue. Au second semestre 2021 et début 2022, les banques centrales pensaient que l'inflation allait diminuer par elle-même sans qu'elles aient à intervenir. Puis, au printemps 2022, la Réserve fédérale (Fed) et la Banque d'Angleterre ont admis que l'inflation était durable et forte et ont changé de stratégie, passant à une politique monétaire progressivement plus restrictive. Mais il faut attendre la fin de l'été 2022 pour que la Banque centrale européenne (BCE) montre la même évolution.

Jusqu'à cette date, le scénario de la BCE était un retour à 2 % d'inflation en 2024, avec une faible hausse des taux d'intérêt. Ce retour était surtout lié à l'absence d'accélération des salaires, que la BCE estime alors ne pas voir augmenter en 2022 et 2023 plus vite qu'en 2021. L'indexation supposée des salaires aux prix est très faible et les salariés et les États, au travers du soutien du pouvoir d'achat qu'ils organisent, sont, en effet, censés supporter l'essentiel du poids de la hausse des prix des matières premières. L'indexation des salaires aux prix pour l'ensemble des pays de l'OCDE est proche de 0,5 : les salaires ne sont protégés que de la moitié de l'inflation, ce qui pousse les États à compléter cette protection par des transferts plus massifs. Pendant l'été 2022, on voit la BCE évoluer et passer à la volonté d'agir pour réduire l'inflation.

Il faut avoir en tête que le retour à une politique monétaire de contrôle de l'inflation est un choc pour les banques centrales. Dans les décennies 2000 et 2010, la faiblesse de l'inflation les a conduites à poursuivre d'autres objectifs : soutien de l'emploi et de la croissance potentielle, lutte contre les inégalités. Aujourd'hui, même si ces objectifs, ainsi que la nécessité de soutenir la transition énergétique, subsistent, les banques centrales doivent à nouveau se consacrer essentiellement au contrôle de l'inflation.

On voit donc que la crise du Covid et le début de la guerre en Ukraine ont conduit, comme il était attendu, à une numérisation rapide de l'économie, à l'accélération de la transition énergétique et à un rôle accru des États et des banques centrales. Progressivement cependant, les États reviennent à leur rôle traditionnel de gardiens d'une inflation faible au travers des banques centrales : très prudemment dans la zone euro, plus brutalement aux États-Unis et au Royaume-Uni, qui utilisent également l'arme d'une politique budgétaire restrictive.

CHAPITRE 4

Les salariés déboussolés

La « grande démission » mise en exergue par Nicolas Baverez n'aura pas lieu en Europe, si tant est qu'elle ait eu lieu aux États-Unis. Il est vrai que le chiffre de 38 millions de travailleurs américains qui ont quitté l'emploi salarié depuis l'éclatement de la crise du Covid donne à réfléchir. Les ouvriers et les employés chercheraient-ils, dans leur majorité, à mettre un terme à la relation salariale jugée trop inégalitaire et trop contraignante ? Si de nombreux signes de désaffection salariale sont observés, en particulier dans les pays dits « développés », la mutation du marché du travail qui s'est accélérée au cours des trois dernières années est infiniment plus subtile et plus protéiforme que le portrait qu'en font aujourd'hui de nombreux économistes et sociologues. Commençons par dire qu'aux États-Unis, huit démissionnaires sur dix retrouvent en moins de six mois un emploi et qu'en France le pourcentage est à peu près le même. Mais allons plus loin.

Les certitudes

Par où commencer pour y voir plus clair ? Examinons d'abord les *certitudes* ou quasi-certitudes. Il est vrai que la pandémie a durablement modifié le *rapport au travail.* L'emploi à vie (ou à presque vie) a presque complètement disparu du logiciel des entreprises mais aussi des salariés. Nous sommes peu ou prou entrés dans une sorte de « travail liquéfié » pour reprendre une expression utilisée par de plus en plus de sociologues. Le télétravail est une bonne illustration de ce phénomène. Les chiffres sont connus et pointent tous une augmentation brutale et assez massive du télétravail en lien direct avec la pandémie. Cela concerne un salarié sur quatre aujourd'hui, alors que ce ratio n'était que d'un sur trente il y a quatre ans environ. Et le potentiel de développement du télétravail est loin d'être saturé. L'Observatoire français des conjonctures économiques (OFCE) estime à 8,4 millions le nombre de salariés qui pourraient être concernés en France.

Il est clair que de nombreux types d'emploi sont incompatibles avec cette forme d'organisation, en gros tous ceux qui nécessitent une manipulation physique d'objets (agriculture, BTP, une part très importante de ce qui reste de l'industrie...). Mais là n'est pas l'essentiel. Ce qui compte ce sont deux choses : d'abord, l'intensité du télétravail (de un à cinq jours par semaine) et, plus encore, son caractère choisi ou subi. Les inconvénients du télétravail sont aujourd'hui très bien documentés : perte de repères, croissance de la charge mentale, remise en cause de la hiérarchie... Mais, au global, ses « charmes », s'il est mis en œuvre de manière adaptée, restent dominants : plus de liberté, moins de transports et surtout une plus grande productivité (évaluée en moyenne à + 10 %). Se pose dès lors le problème du « comment faire ? » pour en maximiser les avantages et en limiter les inconvénients. Là aussi, de nombreuses certitudes commencent à émerger. La principale tient à la nécessité pour les entreprises de faire du « sur-mesure » et non du « prêt-à-porter ». Mais se posent alors le problème du cadre réglementaire et celui du bon niveau de négociation. Avec des syndicats généralement politisés, monolithiques et rarement représentatifs (10 % en moyenne, mais moins de 5 % dans le privé et de 3 % dans les PME), le défi paraît immense.

En nous en tenant aux certitudes ou quasi-certitudes, nous rencontrons ici le problème de la *sécurité de l'emploi*. Il paraît incontestable que le Covid a accentué, parfois de manière brutale, la fragilisation du travail et, plus important, les inégalités. Comme le souligne régulièrement (et souvent bien seul sur le front syndical) Laurent Berger, le patron de la CFDT, les disparités entre *insiders* (CDI) et *outsiders* (travailleurs précaires ou chômeurs) tendent inexorablement à se creuser. Il faut avoir la lucidité de le reconnaître : le syndicalisme français s'est construit sur la défense des *insiders* et, trop souvent, la défiance ou au moins l'indifférence vis-à-vis des *outsiders*. Les inégalités entre ces deux populations se sont donc creusées depuis le début de la pandémie et, sauf rupture de politique économique majeure, vont continuer à se creuser. Inégalités de statut, inégalités de rémunération, inégalités entre générations (les « seniors » étant, quoiqu'en disent certains, relativement bien lotis, et les jeunes, qui, pourtant, sont notre avenir, étant sinon massacrés – encore que… –, du moins durablement déstabilisés), inégalités bien sûr entre les origines, et, peut-être plus grave encore, inégalités au sein de chacune de ces catégories. Quand on dit que la société française est fracturée, mieux vaudrait dire qu'elle est multifracturée, et que nombre de ces fractures sont des fractures ouvertes !

Cela nous amène à nous interroger sur le problème des *conflits sociaux*. La France a une incontestable tendance à se distinguer des autres pays comparables par une propension marginale au conflit très élevée (118 jours de grève par an pour 1 000 salariés contre 36 en Allemagne et… 5 aux États-Unis). Les soubresauts ont été nombreux au cours des dernières années, le pic, au moins symbolique, ayant été atteint avec le mouvement des gilets jaunes. Il est incontestable que ces soubresauts vont se multiplier avec la crise. Faut-il craindre (ou, pour certains, espérer) une coagulation de ces conflits catégoriels ? Rien n'est moins sûr. La faiblesse des syndicats et l'individualisme que la pandémie a peut-être sur certains points renforcés incitent plutôt à croire à la multiplication des « jacqueries » sans véritable fédération entre celles-ci.

Au sein même des multiples problèmes d'inégalités, deux thématiques méritent d'être mises à part. Celle des *retraites* d'abord. Sur ce sujet, les données sont maintenant bien connues. Sans réforme majeure du système actuel, on va « droit dans le mur » et, une fois de plus, ce sont nos enfants qui paieront le prix de nos impérities. Notre conviction est que les Français, « grâce » à la pandémie, peuvent accepter aujourd'hui une partie au moins de ce qui était impensable hier. À condition évidemment de déployer beaucoup de pédagogie, ce à quoi de nombreux politiques ne sont pas forcément prêts. Pour nous en tenir au seul problème des inégalités – tout en rappelant que le ratio des retraités menacés de pauvreté est de moitié inférieur à la moyenne européenne (7,3 % contre 14,9 %) –, il est clair qu'il va falloir rester inflexible sur la disparition progressive des régimes spéciaux. Là encore, cette spécificité française (de par son ampleur) accroît les disparités de statuts et donc les rentes. Il faut que cela cesse le plus vite possible.

Deux remarques complémentaires sur ce problème des retraites. En premier lieu, il est une autre thématique, récurrente depuis une décennie, sur laquelle des ruptures doivent être opérées, celle de la dépendance. Quasiment absente de la dernière campagne présidentielle, ce défi est majeur. Le diagnostic est partagé et les chiffres sont sans appel : les dépenses de prise en charge des personnes âgées dépendantes représentent 1,4 point de PIB aujourd'hui, dont 1,1 point financé par les pouvoirs publics. Ces dépenses atteindront 2,8 points de PIB en 2060 dont 2,1 points de PIB à la charge de l'État.

Des projets de réformes ont, certes, été esquissés et certaines ont déjà été mises en œuvre. Mais on est très loin du compte. Sans véritable rupture, les « réformettes » en projet conduiront à une impasse dont le scandale de certains Ehpad ne sont que la pointe émergée de l'iceberg. Il faut au plus vite créer une cinquième branche de la Sécurité sociale spécifiquement consacrée à la dépendance pour mieux en apprécier les coûts présents et à venir et pour pouvoir en conséquence mettre (vite) en œuvre les réponses adaptées. Enfin, second point, il est évident que notre système de financement des retraites est et restera un système à dominante de répartition. Cette ligne qu'il convient de poursuivre empêche-t-elle pour autant un développement plus rapide des initiatives en faveur de la retraite par capitalisation qui, à la marge, pourrait permettre d'alléger le fardeau du financement ? Dans ce domaine, comme dans bien d'autres, tous les tabous doivent être levés.

Les interrogations

Deuxième thématique à mettre en relief : celle de l'*immigration*. Avec ce constat récurrent que le Covid a accru les inégalités et que bien peu de réformes ont été faites. Le diagnostic est, dans ce domaine, bien plus contradictoire que dans d'autres. En ce qui nous concerne, notre jugement est nuancé. « Non, les étrangers ne viennent pas manger le pain des Français. » Sur le plan financier, les données, incontestables, disent même le contraire : le solde financier de l'immigration est clairement positif pour notre nation. Mais « oui, l'immigration pose un problème social et politique qu'il ne faut en aucun cas mettre sous le tapis ». Des solutions existent qui n'ont pas encore été suffisamment mises en œuvre. Il est clair que le problème de l'immigration ne peut se résoudre qu'à l'échelle européenne, ce qui interroge à nouveau les accords de Schengen et les moyens (pas seulement sur le plan quantitatif) mis à disposition de Frontex. N'oublions pas que le problème de l'immigration trouve une de ses principales origines dans celui des migrations à l'échelle mondiale. Celles-ci sont en constante augmentation, en particulier du fait des irréductibles migrations climatiques. Le monde comprend aujourd'hui 260 millions de migrants internationaux, c'est à dire de personnes installées dans un pays différent de celui où elles sont nées. Leur nombre a progressé de 2,4 % par an en moyenne depuis le début des années 2000. 64 % des migrants internationaux vivent dans un pays développé. Autre dimension : celle des emplois non pourvus en France. Ce phénomène est en constante augmentation et témoigne de l'inadaptation profonde de notre système de formation. Nous sommes encore loin du plein-emploi et pourtant de nombreux métiers peinent à embaucher. Là aussi, l'immigration (certes sélective) constitue une voie de progrès. Enfin, dernière remarque sur un thème qui mériterait un livre à lui seul, toute solution au problème de l'immigration passe par une remise en marche de l'« ascenseur social » qui a structuré les Trente Glorieuses et qui, aujourd'hui, ne fonctionne presque plus qu'à la descente. L'intégration sociale n'a aucun sens sans espoir de progression. Le chantier reste vaste. Il ne se clôturera pas en trois ans ni même en cinq. Il n'en reste pas moins urgent de l'ouvrir de manière volontariste. Les ruptures que nous appelions de nos vœux dans un ouvrage précédent[1] sont plus que jamais nécessaires.

Reste à aborder le problème du *pouvoir d'achat* qui a été au cœur de la dernière campagne présidentielle et qui l'est encore pour l'écrasante majorité de nos concitoyens. Il est vrai que ce débat est pollué par certains excès : quand on apprend que Carlos Tavares, le patron de Stellantis, dont les performances sont par ailleurs reconnues par tous, a touché 66 millions d'euros pour la seule année 2021 (dont « seulement » 19 millions de salaire garanti…), soit 1 100 fois le salaire moyen dans le groupe né de la fusion entre Peugeot-Citroën et Fiat-Chrysler ; il y a de quoi perdre complètement le sens des valeurs. Face à cela, il faut commencer par se dire qu'il n'existe aucune solution miracle. Les slogans, et ils sont nombreux, peuvent séduire, mais ils sont, dans la plupart des cas, coupés de la réalité et se révèlent contre-productifs.

1. Patrick Artus, Olivier Pastré, *L'Économie post-Covid*, Fayard, « Pluriel », 2022.

Dans ce domaine, une règle doit présider à toutes les réformes qui sont par ailleurs indispensables : la sélectivité et donc le ciblage. Et, sur ce point, il est une réforme qui paraît devoir être creusée, celle, sous une forme ou sur une autre, d'un *revenu universel*. Cette réforme peut paraître contradictoire avec notre principe de sélectivité mais, en fait, elle ne l'est pas. Car ce revenu universel devrait en priorité cibler la population des jeunes et en particulier des étudiants. Certes, son coût budgétaire sera important. Mais, dans la philosophie du « quoi qu'il en coûte » (qui doit progressivement être revisitée à la baisse), les jeunes restent une priorité et doivent se voir dispenser de l'insupportable charge mentale de l'incertitude face à l'avenir.

Une deuxième remarque doit être faite qui est valable pour l'ensemble de ce livre. L'idéal serait de pouvoir se projeter dans trente ans. Or, face à la complexité du monde dans lequel nous vivons, qui ne va pas décroître dans le futur, bien au contraire, toute tentative de prospective nous paraît dérisoire.

Effectivement, il est possible de construire des scénarios polaires, mais sans pouvoir les probabiliser. La grille de lecture que nous nous sommes fixée est celle du court-moyen terme. Nos prévisions n'excèdent donc pas trois à cinq ans, et cela constitue déjà presque une gageure. Seule certitude, toutes les réformes (ou plutôt les fractures) que nous présentons dans ce livre devront impérativement être, non pas seulement conçues, mais mises en œuvre dans ce laps de temps très court à l'échelle de l'histoire.

La réalité économique dans une société mondialisée n'est jamais toute blanche ou toute noire. Mais, face aux défis qu'il nous faut relever, ce ne sera pas « fromage et dessert ». L'heure actuelle et à venir sera celle des choix, même si certains peuvent paraître cornéliens.

Quid *du niveau macroéconomique ?*

Si l'on prend un peu de recul et qu'on agrège les comportements individuels, que constate-t-on ? Plusieurs évolutions attirent en premier lieu l'attention.

Il est à craindre que la mobilité sociale recule en France dans les prochaines années. Elle est faible aujourd'hui, mais moins que ce qu'on imagine parfois. Or on s'attend, dans les dix prochaines années, à une polarisation accrue du marché au travail, avec des *emplois vacants*, surtout dans les nouvelles technologies, l'enseignement et la santé, les services à la personne et la construction ; des *créations d'emplois*, d'un côté dans la santé, l'informatique, les emplois de cadres et de chercheurs, de l'autre dans les aides à domicile, la manutention, la maintenance ; et, enfin, des *déficits de recrutement* très importants pour les métiers peu qualifiés (entretien, aides à domicile, assistantes maternelles, ménage, manutention…) et pour les cadres.

Cette perspective de polarisation accrue du marché du travail conduirait à un recul de la mobilité sociale, avec la disparition continue des emplois intermédiaires.

Le tableau 4.1 montre les déséquilibres potentiels par métier, c'est-à-dire l'insuffisance des créations d'emplois possibles par rapport aux besoins de recrutement, compte tenu des départs.

Tableau 4.1. Insuffisance des créations d'emplois par rapport aux besoins : 2019 à 2030 (en milliers d'emplois)

Profession	Déficit de recrutement (en milliers d'emplois)
Agents d'entretien	330
Aides à domicile	220
Conducteurs de véhicules	200
Ouvriers de manutention	160
Cadres commerciaux	140
Cadres administratifs et financiers	110
Assistantes maternelles	110
Aides-soignants	110
Personnels de ménage	80
Ouvriers du bâtiment	70
Enseignants	70
Agriculteurs, sylviculteurs	70
Techniciens des industries mécaniques	60
Ingénieurs en informatique	45
Médecins	0

Sources : France Stratégie, DARES, NATIXIS

On voit ici que le déficit de recrutement apparaît surtout :

- pour les métiers peu qualifiés (agents d'entretien, aides à domicile, assistantes maternelles, conducteurs de véhicules, ouvriers de manutention, personnels de ménage, ouvriers du bâtiment...) ;
- pour les cadres.

Les entreprises de l'informatique arrivent à peu près à trouver les personnes dont elles ont besoin. On voit le poids très important des métiers peu qualifiés dans ces insuffisances de recrutement. Ce phénomène est inquiétant : la tendance de fond est que la qualité moyenne des emplois est tirée à terme vers le bas par l'importance des besoins de recrutement des peu qualifiés.

Comment peut-on mesurer le pouvoir de négociation des salariés ? Si, au niveau microéconomique, on note un incontestable basculement du pouvoir en faveur de certaines catégories de personnels, soit qualifiés, soit bénéficiant de l'engouement pour certaines professions, il n'en est pas de même au niveau macroéconomique.

Un pouvoir élevé de négociation des salariés est normalement associé à une indexation des salaires aux prix, les salariés ayant le pouvoir d'être protégés contre l'inflation ; à la distribution des gains de productivité aux salariés, qui permet de stabiliser le partage des revenus, et à un fort effet du chômage sur la croissance des salaires, les salariés ayant la capacité de profiter des périodes de plein-emploi.

Autre tendance marquée, l'évolution au cours du temps de la *formation des salaires.*

Le tableau 4.2 montre les coefficients estimés de l'inflation, des gains de productivité et du taux de chômage dans l'équation qui explique la croissance du salaire par tête, d'une part sur la période 1980-1999, d'autre part sur la période 2000-2021.

Tableau 4.2. Coefficients estimés de l'équation de formation de la croissance des salaires

	Inflations		Gains de productivité		Taux de chômage	
	1980-1999	**2000-2021**	**1980-1999**	**2000-2021**	**1980-1999**	**2000-2021**
États-Unis	0,52	0,17	0,07	0,11	n.s.	0,23
Zone euro	1,13	0,28	n.s.	0,36	n.s.	0,20
France	0,81	0,27	0,09	0,62	– 0,60	– 0,44

Source : calculs Natixis.

Les évolutions significatives observées entre les deux périodes (1980-1999 et 2000-2021) sont : une forte baisse de l'indexation des salaires aux prix, une hausse de la sensibilité des salaires à la productivité et une faible hausse de la sensibilité de la croissance des salaires au taux de chômage.

L'observation de l'évolution des effets de l'inflation, des gains de productivité et du taux de chômage sur la formation des salaires nous montre que la perte du pouvoir de négociation des salariés a pris la forme de la forte baisse de l'indexation des salaires aux prix, pas des autres formes possibles (baisse de la sensibilité des salaires à la productivité ou au taux de chômage).

Face à ces tendances de fond, tout le monde n'est pas logé à la même enseigne. Les ménages, et particulièrement les ménages modestes, sont soumis aujourd'hui à de nombreuses « agressions » : la hausse forte des prix de l'énergie ; la hausse forte des prix de l'alimentation ; la hausse forte des prix de l'immobilier ; des taux d'intérêt nettement inférieurs à l'inflation ainsi que la hausse des prix des voitures.

La question est de savoir comment les ménages vont réagir à ces agressions. On peut imaginer :

- une demande de forte hausse des salaires, d'indexation des salaires sur les prix ;
- une demande d'aide forte de l'État ;
- une hausse de l'épargne risquée non obligataire ;
- une recherche de solutions innovantes (partage et non propriété des voitures, sources alternatives d'énergie) ;
- un déplacement de l'habitat vers les petites villes.

Cependant, il faut comprendre que la situation des ménages modestes, quelles que soient leurs réactions, va se dégrader fortement. Une observation qui amène à se poser de nouveau le problème du pouvoir d'achat. La perception majoritaire des Français est que leur pouvoir d'achat a reculé depuis cinq à dix ans, ce qui ne correspond pas aux faits observés.

Pour expliquer cette divergence entre la perception et la réalité de la progression du pouvoir d'achat en

France, on met souvent en avant le rôle des « dépenses contraintes » : logement, énergie, alimentation. Toutefois, même en corrigeant l'évolution du poids de ces dépenses contraintes, il reste une progression du pouvoir d'achat.

L'explication du paradoxe est peut-être que la liste des dépenses contraintes, c'est-à-dire des consommations jugées comme indispensables, s'allonge au cours du temps. Elle inclut probablement aujourd'hui les télécoms, les médias, certains loisirs (jeux vidéo, ordinateurs…). Il est clair aussi que la hausse brutale, dans la période récente, des prix de l'énergie, de l'alimentation, de l'immobilier, va aggraver ce sentiment de perte de pouvoir d'achat puisque, aujourd'hui, les dépenses contraintes augmentent effectivement rapidement.

La pression sur les États et les entreprises pour que soient trouvés les moyens de stabiliser le pouvoir d'achat des ménages va donc devenir très forte. Spontanément, rien ne va aller dans ce sens. Et, malheureusement, le problème du pouvoir d'achat devrait continuer à s'aggraver à moyen terme avec les effets durables sur les prix des matières premières (énergie, métaux, produits agricoles), la déformation de la structure de la demande vers les biens, l'embargo sur les produits russes, la transition énergétique, les désordres climatiques ; la rareté des logements, qui en fait structurellement et fortement monter les prix, et la réduction de la capacité des États à soutenir le pouvoir d'achat des ménages avec la hausse de l'endettement public et des taux d'intérêt.

Mais que faire quand les prix relatifs des biens de première nécessité augmentent continûment, qu'une partie importante de ces produits est importée et qu'on parvient à la limite des politiques redistributives ?

Faut-il, pour autant, se désespérer ? Nous ne le croyons pas. Des solutions même partielles existent, à utiliser avec précaution mais détermination.

Commençons par éliminer les fausses bonnes idées quand celles-ci sont appliquées sans nuance. Il a souvent été proposé d'augmenter fortement le salaire minimum afin d'améliorer le pouvoir d'achat, de réduire les inégalités. Mais de nombreux économistes sont hostiles à une hausse de salaire minimum, en mettant en avant son effet négatif sur l'emploi, en particulier sur l'emploi peu qualifié et sur l'emploi des jeunes.

Alors, peut-on augmenter le salaire minimum ou bien est-ce trop dangereux pour l'emploi ?

- La littérature académique donne des résultats divers, très différents d'un pays à l'autre et d'une étude à l'autre ; en moyenne, ces études montrent un effet négatif faible sur l'emploi des hausses du salaire minimum.
- Mais on peut s'interroger sur les conditions qui empêcheraient qu'une hausse du salaire minimum ait un effet négatif sur l'emploi :
  - hiérarchie entre salaire et productivité, niveau des marges bénéficiaires des entreprises ;
  - ce qui introduit la situation concurrentielle sur le marché du travail ou sur le marché des biens et services ;

– difficultés de recrutement des entreprises, et sensibilité de l'offre de travail au salaire ;
– effet positif de la hausse du salaire sur la demande de biens et services ;
– effets de réallocation de l'emploi, des entreprises moins efficaces vers les entreprises plus efficaces.

Autre piste : celle de l'augmentation de la taxation. Les salariés les plus modestes vont être les plus touchés comme nous l'avons vu. Pour soutenir les revenus des ménages modestes, on peut procéder de deux manières, mais qui toutes deux aboutissent à une hausse de la pression fiscale sur les autres ménages par la hausse des transferts publics aux ménages modestes, qui s'ajouterait aux autres hausses de dépenses publiques (santé, réindustrialisation, transition énergétique, dépenses militaires...). Il faudrait alors, à terme, augmenter les « vrais impôts ». Ou par la hausse des bas salaires, qui conduirait nécessairement à la hausse des prix des biens et services produits avec de l'emploi peu qualifié. La taxation des autres ménages se ferait alors par le fait qu'ils paieraient plus cher ces biens et services.

Il y aurait donc nécessairement taxation accrue par les vrais impôts ou taxation accrue par les prix, avec tous les inconvénients que cela présente pour les générations à venir.

Comment sortir de cette « nasse » sociale ? Deux principes doivent présider à toute action publique dans ce domaine. Le président de la République a donné comme objectif de politique économique pour la France de revenir au plein-emploi dans les cinq ans. Mais que veut-dire revenir au plein-emploi ?

On peut proposer trois définitions, de plus en plus pertinentes, selon nous.

Ramener le taux de chômage au niveau du *taux de chômage structurel* (le taux de chômage obtenu par la progression de l'activité, sans faire de réformes structurelles) ; mais, probablement, on est aujourd'hui très proche de cette situation en France.

Ramener le *taux de chômage structurel*, qui est élevé en France, à un niveau *plus faible*, similaire à celui observé dans d'autres pays (États-Unis, Royaume-Uni, Allemagne, Pays-Bas et Canada), ce qui implique de s'interroger sur les causes du taux de chômage structurel élevé en France.

Définir le plein-emploi non comme un taux de chômage structurel faible, mais comme un *taux d'emploi élevé* ; l'exemple des États-Unis montre en effet qu'on peut avoir un taux de chômage structurel bas alors que le taux d'emploi recule. De plus, c'est le taux d'emploi élevé qui réduit la pauvreté et les inégalités, qui apporte davantage de revenu par habitant et de recettes fiscales. Reste à comprendre les causes du taux d'emploi faible en France…

Au total, il faut espérer que le président de la République adopte la définition la plus pertinente du plein-emploi, c'est-à-dire un taux d'emploi aussi élevé en France que dans les pays qui font mieux dans ce domaine (76 % en Allemagne contre 65 % en France…).

Premier principe : si le capitalisme veut survivre, il devra s'occuper des travailleurs pauvres. La hausse des prix de l'énergie, de l'alimentation, de l'immobilier, le développement des emplois mal payés vont augmenter le nombre de travailleurs pauvres dans les pays de l'OCDE. Il faudra donc trouver une réponse à cette augmentation, qui peut venir des entreprises, avec des hausses importantes des bas salaires, le coût étant alors, d'une part, le risque de destruction d'emplois peu qualifiés et, d'autre part, un supplément d'inflation et des États opérant des transferts de revenu aux ménages compensant l'inflation, le risque étant alors le coût très important pour les finances publiques.

Mais, sans réponse à ces hausses de prix, une crise sociale grave et une remise en cause du capitalisme sont certaines.

Venons-en au pouvoir d'achat. Là aussi deux grands principes doivent être respectés. Tous les pays européens ont pris des mesures de soutien du pouvoir d'achat en face de la hausse des prix des matières premières (énergie, alimentation), mais c'est particulièrement le cas en France avec le plafonnement des prix de l'énergie qui explique que l'inflation y soit nettement plus faible que dans les autres pays.

Le point central de l'analyse est l'élasticité des importations à la demande intérieure. Si cette élasticité est forte, ce qui est le cas en France, les transferts publics aux ménages (qui risquent d'être durables puisque la hausse des prix des matières premières le sera probablement) conduisent bien sûr à un déficit public supplémentaire, mais aussi à un faible soutien de la production, à une forte hausse des importations, et à une forte dégradation du commerce extérieur.

Dans le cas de la France, 62 % des transferts publics ainsi mis en œuvre se transforment en déficit extérieur.

Cette politique, lorsque l'élasticité des importations à la demande intérieure est forte, revient donc à financer un supplément de consommation par l'endettement extérieur, ce qui n'est clairement pas recommandable (par rapport à un endettement extérieur qui financerait des investissements productifs). Et, de plus, ce supplément de consommation est largement importé, donc n'a aucun effet favorable, même à court terme. Au minimum, il faudrait cibler cette politique sur les ménages les plus modestes pour réduire l'ampleur de l'endettement (public et extérieur liés) qu'elle engendre.

Deuxième principe sous forme de questionnement : comment soutenir le pouvoir d'achat des ménages modestes ?

La hausse forte des prix de l'énergie, de l'alimentation, pousse les États à soutenir le pouvoir d'achat des ménages modestes. Mais comment le faire pour être efficace ? Il faut utiliser des transferts ciblés sur les ménages modestes, et non des transferts à tous les ménages, pour limiter le coût pour l'État. Il faut utiliser des transferts forfaitaires et non des transferts ciblés sur l'achat de certains produits, pour éviter que les vendeurs de ces produits profitent de l'aide publique pour augmenter leurs prix. Il ne faut pas modifier les prix des biens concernés ; par exemple, il ne faut pas bloquer les prix, pour laisser apparaître le signal prix et l'effort d'économie (moindre consommation d'énergie…) qu'il provoque. Il faut financer ces aides par les recettes fiscales et pas par l'endettement public ; il n'y a en effet pas de justification à transférer par la dette aux générations futures le poids du soutien présent à la consommation, surtout si les hausses des prix de l'énergie et de l'alimentation sont permanentes.

CHAPITRE 5

Les entreprises dans la tourmente

S'il est un domaine dans lequel les certitudes d'hier ne sont plus adaptées aujourd'hui, c'est bien celui de l'entreprise. Nous étions nombreux il y a trois ans à penser que le Covid allait provoquer un « bain de sang » au niveau des entreprises et de l'emploi, comme cela avait été le cas lors des grandes pandémies historiques.

À ce jour, force est de constater que la réalité n'a pas conforté ce pessimisme et c'est tant mieux. Cela posé, le passé récent nous a appris beaucoup de choses. D'abord qu'il ne faut pas basculer d'un pessimisme noir à un optimisme béat. Certes, un grand nombre d'entreprises ont « sauvé leur peau », grâce à une intervention massive de l'État, qu'ont symbolisée les PGE (prêts garantis par l'État), à un coût budgétaire très lourd. Cet effort budgétaire sans précédent, justifié pour des motifs sociaux et politiques, ne pourra pas durer, ce qui laisse présager des lendemains qui ne chantent pas. La baisse récente du nombre de faillites d'entreprises est, pour partie au moins, en trompe l'œil. L'impact mortifère du Covid, en particulier pour les TPE (très petites entreprises), pourrait être seulement décalé du fait de l'oxygène apporté par l'État. La sortie des PGE risque de mettre à vif la fragilité de nombreuses petites entreprises. Cela est d'autant plus vrai que nombre de ces entreprises voyaient, avant même la crise, se profiler le « mur de la dette ».

De ce point de vue, le plan de 35 milliards d'euros lancé fin 2020 pourrait se révéler insuffisant en cas de reprise économique moins rapide que celle que nous vivons aujourd'hui. Et il est clair que la crise ukrainienne et ses avatars (difficiles à prévoir aujourd'hui compte tenu des incertitudes actuelles) pourraient peser d'un poids très différent selon les catégories d'entreprises. Les entreprises, cela n'existe pas. La globalisation est trompeuse. Si les grandes, les moyennes et de nombreuses petites (10 à 50 salariés) ont les reins assez solides pour encaisser le choc, il est au moins quatre catégories d'entreprises qui sont particulièrement menacées : les TPE (1 à 10 salariés), les entreprises du secteur de l'immatériel (sans garanties réelles à offrir aux banques), les entreprises technologiques (difficiles à valoriser) et surtout, bien sûr, les entreprises en création. Pour celles-ci, il est à craindre que l'attitude des banques soit dans un avenir très proche pour le moins restrictive. Un point qui amène à évoquer le risque de « zombification » de certaines entreprises. En effet, les diverses aides publiques ont permis à de nombreuses entreprises de survivre, alors même que leur *business model* ne tenait pas la route. Il ne faudrait pas que, par zèle, méconnaissance ou politisation, l'aide publique soit captée par des entreprises « zombies » bénéficiant à plein de l'« effet d'aubaine ». D'où l'importance du principe de sélectivité des mesures prises que nous avons déjà mis en avant pour l'avenir.

Les dégâts du passé

Les taux d'intérêt très bas, du début des années 2010 à 2021, ont conduit à une gestion laxiste de la trésorerie : les ménages comme les entreprises ont accumulé beaucoup trop de cash, sans aucun coût puisque les taux d'intérêt étaient nuls.

Aujourd'hui, la remontée des taux d'intérêt va inciter à l'optimisation des trésoreries, ce qui peut impliquer, pour les entreprises, du désendettement ou des acquisitions.

Cette évolution peut être favorable : les entreprises pourraient être invitées à faire un usage plus productif de leurs réserves et peut-être cela facilitera-t-il le financement des investissements.

Autre héritage du passé, le débat compliqué sur les rachats d'actions. La hausse des résultats des entreprises dans la période récente a permis une forte hausse des rachats d'actions. Cette hausse des rachats d'actions a été fortement critiquée. Il y a deux motifs à cela : les rachats d'actions (la hausse de la rémunération des actionnaires) se font au détriment de la rémunération des salariés et/ou ils se font au détriment de l'investissement des entreprises.

Globalement, pour l'ensemble de l'OCDE, le premier argument est correct puisque le partage des revenus s'est déformé au détriment des salariés, assez fortement dans la période récente.

Le second argument peut être débattu. Si une entreprise qui n'a pas de projet d'investissement efficace rachète ses actions, elle rend l'argent à ses actionnaires qui, eux, peuvent alors en théorie financer des projets d'investissement efficaces. Malheureusement, on voit que les rachats d'actions, très importants aux États-Unis (graphiques 5.1a et b) ont coïncidé avec un recul de l'effort d'accumulation de capital et des gains de productivité et avec une hausse des cours boursiers ; probablement, les rachats d'actions servent davantage à acheter des actions déjà existantes qu'à financer des investissements nouveaux.

Les entreprises cotées sont souvent des multinationales. On peut donc regarder l'ensemble de l'OCDE comme zone géographique. Et, pour l'ensemble de l'OCDE, la hausse des profits des entreprises, qui finance en partie les rachats d'actions (lesquels peuvent aussi être financés par l'endettement – mais celui-ci ne progresse plus pour les entreprises depuis la crise des *subprimes*), résulte de la déformation du partage des revenus au détriment des salariés (graphique 5.2) surtout dans la période récente. Les rachats d'actions, en conséquence, se font bien au détriment de la rémunération des salariés.

Graphique 5.1a.
États-Unis : rachats d'actions* par les entreprises non financières (en % du PIB valeur)

(*) Émissions brutes – émissions nettes d'actions cotées.

Sources : Refinitiv, Fed, Natixis.

Graphique 5.1b.
Zone euro : rachats d'actions* par les entreprises non financières (en % du PIB)

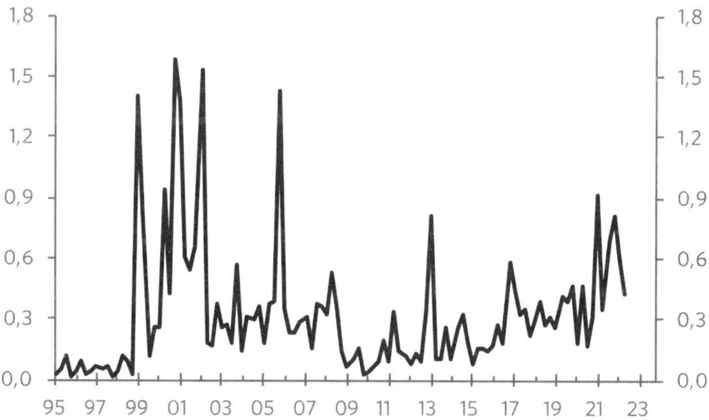

(*) Émissions brutes – émissions nettes d'actions cotées.

Sources : Refinitiv, BCE, Natixis.

Graphique 5.2.
OCDE* : salaire réel et productivité par tête (100 en 1995:1)

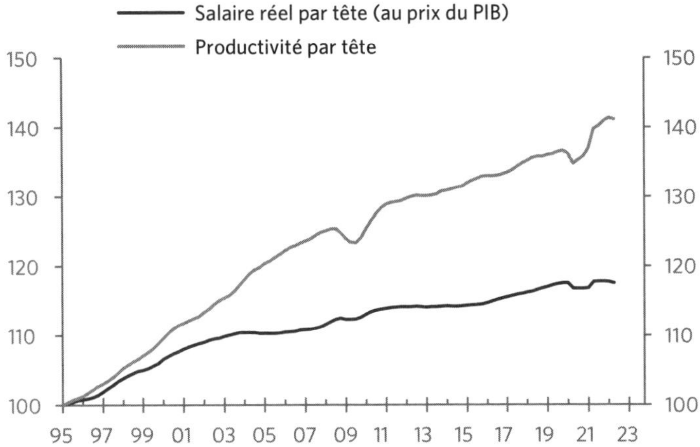

(*) États-Unis, Royaume-Uni, zone euro et Japon.

Sources : Refinitiv, sources nationales, Natixis.

Les défis à relever

Pour l'avenir, il est clair que l'exigence des actionnaires ayant pris des risques en investissant dans le capital des entreprises doit être repensée au regard de la crise. Il est urgent que, dans une période où les inégalités se creusent, le partage des fruits de la valeur ajoutée soit profondément revisité. On ne peut plus tenir avec un objectif de 15 % annuel de rendement pour les actionnaires. Même s'il y a eu des remises en cause de ce modèle (presque paradoxalement, souvent dans des entreprises familiales), la pandémie n'a pas eu le rôle d'électrochoc qu'elle aurait dû avoir. La rémunération des patrons et des actionnaires est restée, en gros, la même qu'avant. *Business as usual*, alors même que la situation n'a rien d'usuel et que cette surdité n'a pu qu'être très mal perçue par les salariés. Qu'on se le dise et surtout qu'on agisse. Faute de quoi…

Si l'on se tourne maintenant vers les solutions pour l'avenir, il en est une qui, à nos yeux, prime sur toutes les autres. Il s'agit du renforcement des fonds propres des PME. Vieille rengaine, nous dira-t-on. Peut-être, mais c'est bien la preuve que le problème est réel et que rien ou presque n'a été fait. On ne peut pas concurrenccr efficacement les entreprises allemandes ou américaines quand les fonds propres des PME françaises sont presque la moitié de ceux de ces pays et donc que leur financement bancaire est plus aléatoire et plus coûteux. Pour créer un véritable électrochoc dans ce domaine, il faut faire feu de tout bois. Si les titres participatifs n'ont pas connu un grand succès (c'est le moins que l'on puisse dire…), d'autres solutions existent. Les moyens de la BPI doivent être renforcés, les collectivités locales doivent s'impliquer davantage, certaines règles prudentielles qui freinent les banques et les assurances (Bâle III et Solvency II, notamment) doivent être amendées, le statut des *business angels* (dix fois moins nombreux en France qu'aux États-Unis) doit être profondément revisité… On pourrait même envisager une transformation (au moins partielle) des prêts garantis par l'État (PGE) en capital.

Des solutions assez simples à mettre en œuvre existent donc. Encore faut-il que ces réformes s'accompagnent d'une montée en gamme très significative des compétences liées à ces métiers d'investisseurs en fonds propres. N'est pas investisseur qui veut, et les banquiers (*a fortiori* les représentants des collectivités locales) ne sont pas spontanément des capital-risqueurs. Faute de ce « chaînon manquant », il est clair que toute réforme dans ces domaines est vouée à l'échec.

Cela nous permet d'aborder un autre thème de réforme à mener pour améliorer la situation des entreprises et en particulier des PME, celui de la participation au sens large des salariés au capital. Cette réforme gaullienne a pris de multiples formes juridiques au fil du temps (participation au sens strict, intéressement, PEE [plan d'épargne d'entreprise])... Il est incontestable que cette forme d'association des salariés aux « fruits de la croissance » s'est développée en France et participe bien d'une philosophie de convergence des intérêts patrimoniaux des salariés, des patrons et des épargnants en général. Il est prévu de donner un coup de pouce à cette forme d'actionnariat. Mais c'est bien plus qu'un coup de pouce qu'il faut donner : c'est un véritable coup de *booster*. Dès lors que la possibilité de garantir des hausses massives de la rémunération directe des salariés est impensable, toutes les formes de rémunérations indirectes sont à privilégier, et ce d'autant plus qu'elles sont variables et ne pèsent sur la capacité d'investissement des entreprises que si celles-ci sont en croissance. Plus important encore, la participation fait prendre conscience aux salariés du potentiel mais aussi, dans certains cas, de la fragilité des entreprises dans lesquelles ils travaillent.

Autre piste de réforme qui concerne plutôt les grandes entreprises : une des faiblesses relatives de la France tient à la relation entre la R&D publique et privée. Le cloisonnement y est plus élevé que dans la plupart des autres pays développés. L'exemple à suivre nous vient de la DARPA américaine et du METI japonais. La porosité entre ces deux sphères, publiques et privées, qui se complètent est à créer à tous les niveaux, de la recherche fondamentale aux applications industrielles. Plus facile à dire qu'à faire mais, en cette période de crise, il est plus que jamais temps de « faire sauter les verrous » (par ailleurs plus institutionnels que véritablement opérationnels).

Enfin, dernière piste de réforme à creuser, celle des « entreprises à mission ». Ce nouveau statut importé des États-Unis et popularisé par un petit nombre de patrons (dont en premier lieu Emmanuel Faber, le patron – aujourd'hui parti… – de Danone). Ce concept, encore un peu flou, vise à élargir le champ des objectifs de l'entreprise. L'idée est de sortir de la tyrannie qu'exerce l'objectif des 15 % de rentabilité annuelle fixé aux entreprises, notamment cotées, pour éviter une sanction boursière qui peut être brutale. De même que la BCE a vu son objectif unique de contrôle de l'inflation élargi progressivement à la croissance et à l'emploi, de même l'entreprise, au-delà de son objectif premier de rentabilité, doit s'ouvrir à toutes les préoccupations de ses « parties prenantes » et, en particulier, les préoccupations sociales et environnementales. Force est de reconnaître que, au-delà du consensus général créé autour de ce concept, la réalité reste, si ce n'est complètement marginale, du moins limitée, généralement à des grandes entreprises en quête d'amélioration de leur image. Quand on voit qu'une « entreprise à mission » telle que Fleury Michon continue à opérer en Russie, on est en droit de se poser des questions sur le statut même de ce concept. Là aussi, un coup de balai, mais surtout un coup de *boost*, est nécessaire. Si l'obligation paraît absurde, une certaine forme de contrainte et des incitations motivantes doivent être envisagées.

Les Gafam : le triangle des Bermudes

Les Gafam (Google, Amazon, Facebook, Apple, Microsoft), ou plus largement les géants de l'univers numérique, sont certes des entreprises. S'il est un domaine par rapport auquel la crise du Covid paraît simple et sans surprise, c'est bien celui du numérique. Sur ce thème, tout a été dit ou presque. Des thèses aussi péremptoires que contradictoires ont été affichées les unes à la suite des autres. Le vertigineux développement de ceux que l'on appelle de manière simplificatrice les Gafam impacte plus ou moins directement cinq thématiques de la science économique : le droit du travail, la fiscalité (tous deux abordés par ailleurs dans ce livre), la concurrence, le respect de la vie privée (tous deux étroitement liés) et la monnaie. Ce sont ces trois dernières thématiques que nous aborderons ici.

La concurrence et le respect de la vie privée mis à mal

Nous avons utilisé l'expression Gafam, mais nous aurions tout aussi bien, et de manière peut être plus actuelle, utiliser celle de BATX (Baidu, Alibaba, Tencent, Xiaomi), tant l'univers du numérique tend à s'étendre en intégrant de plus en plus de géants non américains. Pour mieux cadrer le sujet, un rappel très parlant est nécessaire. Un peu comme le rapport entre l'Asie et les pays occidentaux, le rapport entre les géants du numérique et les États-nations est en train de s'inverser. Si la capitalisation boursière d'une entreprise était comparable au PIB annuel d'un pays, Apple (2 125 milliards de dollars début 2022, valorisation qui a connu un « trou d'air » probablement conjoncturel par la suite, et 53 millions d'euros de chiffre d'affaires *par heure*) serait membre du G7, Microsoft (1 942) pèserait plus que le Brésil (1 840), le Canada (1 736) et la Russie (1 700), Amazon (1 648) et Alphabet (1 656) que l'Australie, l'Espagne et le Mexique, Facebook que l'Arabie saoudite et la Turquie, et Tencent que la Suisse et la Pologne.

Ces chiffres traduisent une modification complète de la hiérarchie industrielle et boursière : sur les huit premières capitalisations boursières mondiales, alors que l'on ne comptait qu'une entreprise du numérique il y a quinze ans (Microsoft), elles sont six en 2022… Plus inquiétant encore, car conditionnant l'avenir, en matière de R&D, dix géants du numérique investissent chacun plus que le CNRS dans sa globalité, le rapport étant de 1 à 12 avec Amazon…

Ce renversement de hiérarchie ne date pas d'aujourd'hui. Déjà, dans les années 1930, le gigantisme des entreprises avait donné lieu au vote du *Sherman Act* et à la création de la redoutée Federal Trade Commission (FTC). Mais il semble que le numérique démultiplie cette tendance. Le moteur de cette accélération est constitué par les fantastiques économies d'échelle que permettent de réaliser ces nouvelles technologies. Comme le note avec justesse Jean Tirole, prix Nobel d'économie, « l'économie numérique crée presque inexorablement des monopoles naturels », ceux-ci conduisant à la création de rentes qu'il est presque impossible de remettre en cause. L'objectif, avoué ou non, de cette course au gigantisme, est bien évidemment le contrôle, à coût décroissant, des données individuelles. Se trouvent ainsi posés de manière nouvelle le problème de la protection de ces données et, plus généralement, celui de la propriété intellectuelle.

En matière de solutions, de nombreuses pistes, plébiscitées par certains médias et certains politiques en France comme ailleurs, semblent inexorablement vouées à l'échec. Les amendes infligées à certains Gafam, si lourdes soient-elles (comme le 1,5 milliard d'euros infligé en 2019 à Google par la Commission européenne), outre qu'elles n'interviennent qu'*ex post*, une fois que le mal est fait, ne représentent « au mieux » que quelques mois de bénéfices de ces géants.

Concernant le démantèlement de ces oligopoles, utilisé non sans succès dans les années 1930 dans les secteurs du pétrole et de la banque, il semble presque impossible à mettre en œuvre aujourd'hui compte tenu de la complexification des chaînes de valeur (sans même évoquer la nécessaire lenteur de ces procédures dans des États de droit). Quant à l'idée de créer un ou des Gafam européens, aussi séduisante qu'elle puisse paraître, elle semble inenvisageable compte tenu des disparités de points de vue nationaux au sein de l'Union européenne sur ce sujet. Sans compter qu'elle arrive probablement après la bataille, pour l'industrie européenne, du fait notamment des « emplettes » déjà faites par les géants américains et chinois sur notre continent.

La seule voie réaliste, bien que non garantie de succès, reste une nouvelle régulation européenne des Gafam. À noter au préalable qu'une telle régulation, pour être véritablement efficace, se devrait d'être appliquée au niveau mondial, comme le montre très bien toute véritable réforme fiscale. À cette remarque fondamentale près, pour effectuer une réforme de la régulation des

Gafam qui « tienne la route », il conviendrait de remettre presque complètement à plat la politique européenne de la concurrence. Celle-ci est fondée principalement aujourd'hui sur la défense des consommateurs réduite à la baisse des prix des produits et services, avec pour corollaire la limitation de la concentration. Issue de la plus pure tradition anglo-saxonne, cette philosophie, appliquée avec un zèle absolu dont les États-Unis se sont bien gardés, s'est révélée extrêmement efficace pour un très grand nombre de produits. Au point que les effets de la concurrence sur les prix se sont révélés beaucoup plus marquée en Europe qu'aux États-Unis, comme l'a très bien démontré Thomas Philippon[1]. L'élève a dépassé le maître… Mais ce qui est vrai pour la plupart des produits ne l'est pas pour tous, en particulier pour ceux bénéficiant d'économies d'échelles maximales, au premier rang desquelles les technologies de l'information. Ce problème, que l'on retrouve aussi, par exemple dans la grande distribution, est incompatible avec des activités où la taille seule permet les investissements d'avenir et où la définition même d'un prix est quasi impossible à établir (avec la « gratuité » de certains services et la notion de « packages » qui est au cœur de l'offre). Le problème posé est d'une incontestable complexité, mais des progrès ont déjà été accomplis en Europe (comme en témoigne,

1. Thomas Philippon, *Les Gagnants de la concurrence. Quand la France fait mieux que les États-Unis*, Seuil, 2022.

dans le domaine agroalimentaire, le feu vert donné il y a quelques mois par Bercy à la fusion entre Cofigeo et Agripole). Plus encore, il semble que le régulateur américain soit enfin prêt à aborder de manière sérieuse le sujet. Comme le disait un de nos anciens Premiers ministres, Jean-Pierre Raffarin, expert en sentences immortelles : « Notre route est droite mais la pente est forte. »

L'irruption dans la finance

Au début était le bitcoin. Plus précisément, le 12 janvier 2009, lorsque « Satoshi Nakamoto » (un pseudo indéchiffré à ce jour) opéra le premier échange de bitcoin avec un inconnu, un certain Hal Finney. L'idée était (et reste) très simple : face aux errements du système financier international « officiel » lors de la crise des *subprimes*, la solution toute trouvée était de contourner ce système en créant une monnaie virtuelle sur Internet sans avoir recours à « un intermédiaire de confiance, grâce à un protocole cryptographique libre de droit ». Dès le départ, le nombre de bitcoins a été plafonné à 21 millions (17 millions à ce jour en circulation) pour éviter toute dérive inflationniste. Trouvant son origine théorique dans les travaux de Friedrich von Hayek, prix Nobel d'économie, doté d'une forte tendance libertarienne, visant à « dénationaliser la monnaie », le bitcoin n'était pas sans charme. Permettre des transactions instantanées (sans ce que les banques appellent les « jours de valeur », très rémunérateurs pour elles) et donc peu coûteuses, cette monnaie privée complètement décentralisée était supposée redonner aux citoyens leur pouvoir.

Cette idée apparemment séduisante posait enfin de vraies questions auxquelles, malheureusement elle n'apportait pas toujours les bonnes réponses. Ce mécanisme de désintermédiation devait permettre notamment d'apporter une solution aux populations mal ou, plus encore, non bancarisées. Elle mettait aussi à mal le monopole des banques vivant de fait sur une rente de situation. Ces qualités indiscutables ne doivent pas pour autant masquer les inconvénients de cette nouvelle monnaie qui se sont révélés à l'usage. Tout d'abord, le bitcoin a, au départ au moins, servi de carburant au blanchiment d'argent pas toujours très propre. Certaines estimations (évidemment difficiles à vérifier) chiffrent à la moitié les échanges en bitcoins qui relevaient de cette catégorie à la fin des années 2010. Ensuite, le bitcoin s'est révélé d'une extrême volatilité, le record à la hausse ayant été atteint le 10 novembre 2021 avec un bitcoin qui cotait pas moins de 69 000 dollars... laissant la porte ouverte à des krachs successifs qui ont coûté très chers à certains spéculateurs mal inspirés (comme le patron de Soft Bank qui a perdu à titre personnel 115 millions de dollars en quelques jours). Cette volatilité est le fruit à la fois d'une extrême concentration (40 % des bitcoins sont détenus par quelques centaines de particuliers et d'institutions) et, plus grave, car c'est le fondement même de cette monnaie, d'une absence complète de régulation.

À noter au passage le caractère énergivore des cryptomonnaies. Pour fonctionner de manière efficace, celles-ci consomment rien de moins que 0,6 % de l'électricité consommée dans le monde, soit l'équivalent de 11 millions de tonnes de charbon par an…

Enfin, ajoutons – cerise sur le gâteau – que, comme l'a rappelé à de nombreuses reprises Michel Aglietta, les cryptomonnaies ne sont en aucun cas des monnaies. Elles ne disposent pas des trois attributs qui fondent, depuis Aristote, la spécificité même de la monnaie. Elles ne remplissent pas la fonction d'unité de compte, comme en témoigne leur volatilité ; elles ne remplissent pas non plus la fonction d'intermédiaire des transactions, celles-ci pouvant être refusées en paiement par tout agent économique ; enfin elles n'assurent pas, du fait là encore de leur volatilité, la fonction de réserve de valeur.

Malgré les défauts du bitcoin et autres cryptomonnaies au cœur de ce que les spécialistes appellent la « banque de l'ombre » (*shadow banking*), qui ne se limite pas, tant s'en faut, au bitcoin, les Gafam ont commencé à s'engouffrer dans cette brèche ouverte dans le monopole bancaire. Les Gafam disposent en effet de deux avantages comparatifs majeurs : en premier lieu, évidemment, leur supériorité et leur adaptabilité technologique ; mais, plus important encore, leur compétence reconnue par tous en matière de relation client. C'est celle-ci qui fait leur richesse et qui les attire comme un aimant vers le gigantesque gisement des données dont les banques disposent sans toujours savoir les gérer de manière optimale. Une véritable mine d'or pour les Gafam qui, au passage, posent le délicat problème juridique de la séparation des données monétaires et des données personnelles, de même que celui de la dépendance des banques face à un véritable oligopole des gestionnaires de données.

Ces écueils, qui ne sont pas *a priori* insurmontables (même s'ils sont à ce jour insurmontés), n'ont pas empêchés les Gafam de multiplier les expériences. La plus célèbre d'entre elles est probablement celle de Libra. Cette cryptomonnaie, créée par Facebook, a réuni autour de son berceau pas moins de vingt-huit institutions pour la plupart prestigieuses, comme Visa, Mastercard et eBay. Son lancement en fanfare a toutefois été freiné par les instances de régulation monétaire, notamment européennes. Benoît Cœuré, alors à la BCE, a ainsi déclaré que, pour autoriser la Libra au sein de l'Union européenne, « la barre serait très haute ». Nous en sommes là aujourd'hui. De multiples autres initiatives ont été lancées depuis 2019 comme le Google Pay ou l'Alypay conçu par le géant chinois Alibaba. Mais tout cela reste à l'heure d'aujourd'hui à l'état d'ébauche. Deux dernières remarques : ni le Covid, ni la guerre en Ukraine n'ont, à ce jour, eu un quelconque effet significatif sur ce phénomène ; par ailleurs, il convient de rappeler que les 1 600 cryptomonnaies en circulation en 2022 représentaient dans leur ensemble moins de la moitié de la capitalisation boursière d'Apple. Ce n'est donc pas demain que, selon les vœux de von Hayek, la monnaie sera « dénationalisée »… Et c'est tant mieux !

Mais l'essentiel est à suivre.

CHAPITRE 6

Le passage à une économie de raretés et d'inflation

C'est ici le cœur de la transition du modèle économique des pays de l'OCDE ou même du monde : la sortie de l'économie d'abondance, le passage à une économie de rareté.

Depuis la crise des *subprimes* (2008-2009) et jusqu'en 2020, les pays de l'OCDE (en particulier la zone euro et la France) ont connu une inflation structurellement faible (graphique 6.1) autour de 2 % dans les années 2000, autour de 1 % dans les années 2010.

Cela était dû à différentes causes : les prix bas des matières premières, de l'énergie en particulier, avec de très importants investissements dans la production de matières premières jusqu'au milieu des années 2010 ; la faiblesse du pouvoir de négociation des salariés qui avait conduit à la déformation du partage des revenus, en faveur des profits (graphique 6.2) ; le niveau élevé des délocalisations et l'ouverture des échanges avec les pays émergents, ce qui est bien sûr désinflationniste. Ainsi, le poids des importations en provenance des pays émergents, y compris la Chine et hors pays exportateurs de pétrole, est passé de 4,5 % du PIB de l'OCDE en 2002 à 9,5 % en 2022. Cela exerce une influence désinflationniste forte, les prix des produits fabriqués dans les pays émergents étant de 50 % plus bas que ceux produits dans les pays de l'OCDE.

Mais cet équilibre économique se modifie fortement à partir de la crise du Covid.

Graphique 6.1.
Inflation (CPI, GA en %)

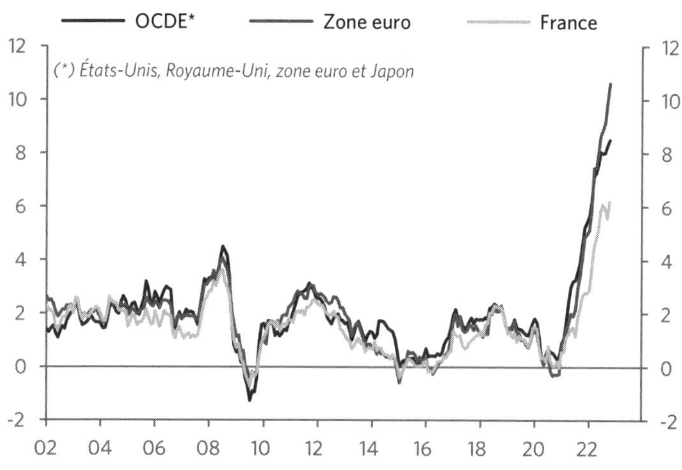

Sources : Refinitiv, sources nationales, Natixis.

Graphique 6.2.
OCDE* : salaire réel et productivité par tête
(100 en 2002:1)

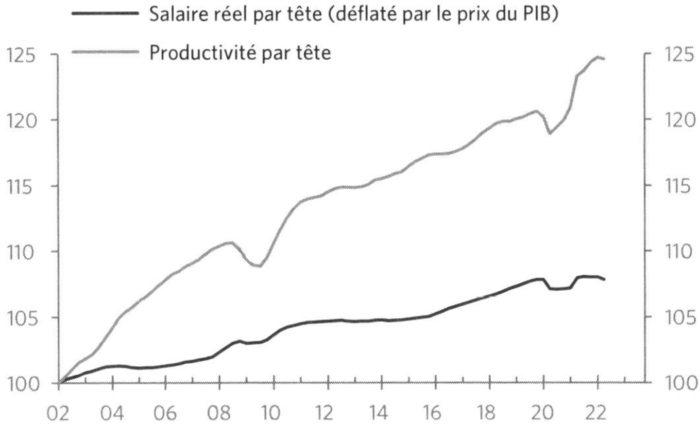

** États-Unis, Royaume-Uni, zone euro et Japon.*

Sources : Refinitiv, sources nationales, Natixis.

Le passage à une économie de rareté

À partir de la crise du Covid en 2020, plusieurs évolutions se produisent qui modifient profondément l'équilibre économique et le transforment en un équilibre de raretés. Le Nouveau Monde va être cher pour de multiples raisons.

Il s'agit d'abord de la déformation de la structure de la demande, des services vers les biens, qui apparaît dès la crise du Covid et se prolonge depuis et que nous avons déjà décrite au chapitre 2.

Cette déformation est due au télétravail, au développement du commerce en ligne, à la numérisation des entreprises, et conduit à une forte hausse de la demande d'électronique, d'informatique, d'équipement de la maison.

Il s'agit ensuite de la guerre en Ukraine, qui fait disparaître l'offre de nombreuses matières premières. Or la part de la production mondiale de la Russie et de l'Ukraine est, pour ne donner que quelques exemples, de 53 % pour l'huile de tournesol, de 44 % pour le palladium, de 17 % pour le gaz et de 12 % pour le pétrole.

La hausse de la demande de biens, liée au Covid, conduit à la hausse de la demande d'énergie, de matières premières, de transport, de semi-conducteurs, et la guerre en Ukraine, au recul de l'offre pour de nombreuses matières premières, d'où la hausse des prix de l'énergie, des métaux, des matières premières agricoles, des containers et des semi-conducteurs

La rareté touche aussi le marché du travail

Après la crise du Covid, les comportements des salariés sur les marchés du travail se sont fortement modifiés.

Aux États-Unis et au Royaume-Uni, on observe un fort recul de l'offre de travail, de la population active (graphique 6.3), certains salariés ne souhaitant plus subir les contraintes liées au travail. Dans la zone euro est apparu un désajustement massif entre l'offre et la demande de travail, les salariés refusant les emplois pénibles, à horaire atypique, ainsi qu'un recul de la durée du travail par salarié, les entreprises s'ajustant aux exigences des salariés.

Dans tous les cas, cela a conduit à de très fortes difficultés d'embauche, qui modifient le rapport de force sur le marché du travail en faveur des salariés. En conséquence de ces difficultés d'embauche, on voit apparaître une accélération de la hausse des salaires avant même le début de la guerre en Ukraine : au premier trimestre 2022, le salaire nominal augmente de 5 % sur un an aux États-Unis, de 6 % au Royaume-Uni, de 4 % dans la zone euro.

Graphique 6.3.
Offre de travail* (100 en 2019:1)

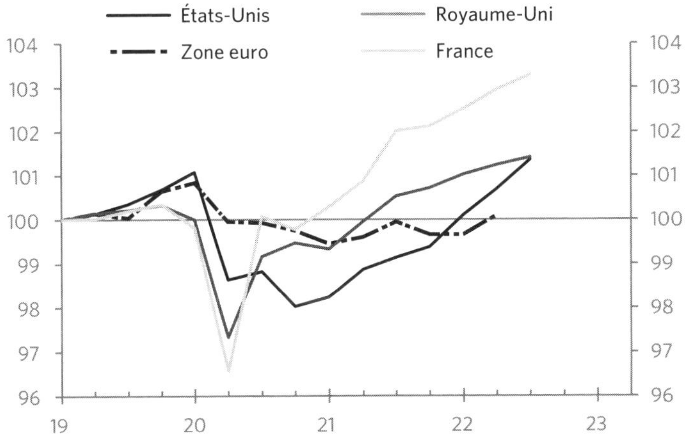

** Emploi + chômage.*

Sources : Refinitiv, BLS, ONS, Eurostat, Insee, Natixis.

Le passage d'un équilibre désinflationniste à un équilibre inflationniste

Le passage à un équilibre inflationniste vient aussi, comme on l'a déjà vu, des relocalisations, du vieillissement démographique et de la remontée du coût du capital avec le remplacement du capital amorti (production d'énergies fossiles) par un capital neuf non amorti (production d'énergies renouvelables).

Au départ, les raretés font apparaître une hausse des prix relatifs (du pétrole, du gaz naturel, des métaux, des matières premières agricoles, du transport…). Il ne s'agit pas alors d'inflation, mais d'une hausse des prix relatifs due aux raretés.

Pour que la hausse des prix relatifs des biens et services rares se transforme en inflation, il faut qu'apparaissent des mécanismes inflationnistes : l'indexation des salaires sur les prix ; la transmission des hausses de prix d'un secteur d'activité à l'autre qui s'observe aussi aujourd'hui : on voit par exemple que la hausse des prix des matières premières fait d'abord monter les prix des produits industriels, puis conduit à la hausse des prix des services avec un retard de un à deux trimestres.

Quand on passe de la hausse des prix des matières premières à la hausse des prix des produits industriels, puis à la hausse des prix des services, on a une inflation globale (graphique 6.1 ci-dessus), développée à partir de la hausse des prix de certaines matières premières. Ce passage de l'inflation due à la hausse de certains prix à l'inflation globale est lié essentiellement à l'indexation des salaires nominaux aux prix. Sauf au Japon, où cette indexation est très faible, elle est significative dans les autres pays de l'OCDE avec un degré d'indexation de 0,6 à 0,7 (ce qui veut dire que les salaires augmentent de 0,6 point ou 0,7 point de plus quand l'inflation augmente de 1 point) pour transformer une inflation locale en inflation globale.

Quelle politique économique quand l'inflation devient globale ?

Si on observe seulement la hausse de certains prix relatifs due à la rareté des biens et services correspondants, il n'y a pas de raison qu'il y ait une réaction de la politique économique : il faut au contraire laisser se déformer les prix relatifs lorsqu'il y a des raretés.

Mais si cette hausse se transforme en une hausse de l'ensemble des prix des biens et services, autrement dit en inflation globale, alors il devient nécessaire de réagir. Sans cela, on risque d'assister à une perte de contrôle de l'inflation et les hausses de prix et de salaires vont s'enchaîner.

Reste à définir le choix de la politique économique utilisée pour lutter contre l'inflation. Traditionnellement, c'est la politique monétaire restrictive qui lutte contre l'inflation avec la contraction de la demande intérieure et la hausse induite du chômage due à la hausse des taux d'intérêt. C'est ce qui s'est produit en 2007-2008 dans l'ensemble de l'OCDE.

Mais il peut être également intéressant d'utiliser aussi la politique budgétaire restrictive, ce que font aujourd'hui les États-Unis pour lutter contre ce fléau.

Ce choix évite qu'il y ait un conflit entre une politique budgétaire restée expansionniste et la politique monétaire. Ce conflit serait d'une absolue inefficacité.

Cependant, même si la politique budgétaire et la politique monétaire agissent toutes deux dans le sens de la lutte contre l'inflation, le durcissement de la politique monétaire devra être significatif. L'analyse rétrospective montre que les taux d'intérêt doivent aller au moins au niveau de l'inflation sous-jacente (hors énergie et alimentation) pour générer un recul de l'inflation. L'inflation sous-jacente, à l'été 2022, est de 6 % aux États-Unis et de 4,3 % dans la zone euro. La hausse des taux d'intérêt, pour être efficace, devra être nettement supérieure à ce qu'attendent les marchés financiers : pic de taux d'intérêt à 4 % aux États-Unis, à 2,5 % dans la zone euro.

Même si les banques centrales augmentent avec prudence les taux d'intérêt pour que l'inflation sous-jacente recule, il faut que le taux de chômage devienne supérieur au taux de chômage structurel. Cela implique aujourd'hui, par rapport au point bas du chômage à l'été 2022, une hausse d'au moins 1 point de taux de chômage aux États-Unis et de 1,5 point dans la zone euro. Évidemment, sortir de la crise du Covid pour entrer dans une récession due à la politique monétaire restrictive ne suscite pas l'enthousiasme des opinions ou des gouvernements…

Quels problèmes structurels dans ce nouveau régime économique ?

L'apparition de raretés nombreuses (travail, énergie, autres matières premières, transport, composants électroniques…) a déclenché une inflation plus forte et probablement plus durable, puisque les causes de cette inflation (pouvoir accru de négociation des salariés, excès de demande de matières premières) semblent aussi être durables.

On sait également que de nombreuses évolutions économiques, en plus de celles vues plus haut, devraient conduire à une inflation plus forte : le vieillissement démographique, les relocalisations, la transition énergétique.

Le vieillissement démographique augmente la proportion de retraités qui sont des acheteurs non producteurs, ce qui génère un excès de demande de biens. Les attitudes nouvelles par rapport au travail poussent à la hausse le pouvoir de négociation des salariés.

Les relocalisations augmentent les coûts de production par rapport à ceux dans les pays émergents ; l'énergie renouvelable est plus chère que l'énergie thermique, avec le coût du stockage des énergies renouvelables, subi en raison de l'intermittence de leur production. Les producteurs de matières premières, en particulier d'énergies fossiles, peuvent exercer un pouvoir de monopole, ce qui est facilité par le retrait de la Russie de l'économie mondiale.

Si l'inflation est structurellement plus forte, les taux d'intérêt réels seront structurellement plus élevés en raison de la nécessité où se trouveront les banques centrales de lutter contre l'inflation.

Et la hausse des taux d'intérêt réels a de nombreuses conséquences sur les économies et les marchés financiers : freinage de l'investissement, baisse de la valorisation des actifs financiers et immobiliers, désendettement.

Quelques conséquences très néfastes du passage à un régime d'inflation

Les économies des pays de l'OCDE sont donc passées à un régime d'inflation dont l'origine est l'apparition de multiples raretés.

Ce régime est caractérisé en particulier par des taux d'intérêt réels plus élevés, donc par une liquidité plus faible offerte par les banques centrales. Certaines des conséquences de cette évolution sont positives : raréfaction des bulles sur les prix des actifs et diminution de l'excès d'endettement. Mais d'autres sont dommageables, en particulier la difficulté qu'il va y avoir à financer, avec des taux d'intérêt réels plus élevés, les investissements nécessaires pour la transition énergétique (production et stockage d'électricité renouvelable, décarbonation de l'industrie et des transports, rénovation thermique des bâtiments et logements) et les investissements de réindustrialisation.

On avance souvent que l'inflation permet de réduire le taux d'endettement public. Mais cela n'est vrai que tant que l'inflation n'entraîne pas de hausse des taux d'intérêt nominaux et même réels. Or c'est le cas en 2021-2022 et le sera probablement plus encore en 2023.

Dès que les taux d'intérêt réels augmentent, avec la lutte contre l'inflation, la politique budgétaire doit aussi devenir plus restrictive, pour maintenir la soutenabilité de la dette publique. Il y a donc un double effet négatif sur la croissance de la lutte contre l'inflation : par la politique monétaire restrictive, mais aussi par la politique budgétaire restrictive. Le régime d'inflation faible était bien plus favorable, en permettant à ces deux politiques de soutenir l'activité. Cependant, lutter contre l'inflation fait disparaître deux impôts cachés : la taxe inflationniste pour les détenteurs d'actifs monétaires et la taxe liée à des taux d'intérêt inférieurs aux taux de croissance. Ces impôts affectent surtout les ménages modestes qui épargnent en actifs monétaires et en obligations ; lutter contre l'inflation est donc favorable du point de vue redistributif, en soutenant le rendement de l'épargne des ménages modestes.

Il faut comprendre que les économies vont devenir durablement différentes. Avec l'énergie renouvelable plus chère que l'énergie fossile, avec la rareté des matières premières nécessaires pour la transition énergétique, avec le retournement au profit des salariés du rapport de force sur les marchés du travail, on va vraiment passer d'une économie d'abondance où les salaires augmentaient peu, où les prix de l'énergie étaient bas, où l'épargne était abondante, où les taux d'intérêt étaient bas à une économie de rareté caractérisée à l'inverse par l'inflation, par des prix élevés des matières premières et par des taux d'intérêt réels en hausse.

La transition de l'économie d'abondance à l'économie de rareté va être difficile. Il faudra réduire les taux d'endettement publics et privés en raison de la hausse des taux d'intérêt réels ; il faudra consommer moins d'énergie et, de manière plus générale, moins de matières premières ; et il faudra enfin que les entreprises acceptent des rentabilités plus faibles du capital.

La baisse nécessaire des taux d'endettement publics se révélera particulièrement difficile à une période où les besoins de dépenses publiques supplémentaires (pour la transition énergétique, pour les relocalisations, pour la santé, l'éducation...) sont multiples.

Nous allons détailler dans les chapitres suivants les enjeux de la transition énergétique, les impacts sur le SMI (système monétaire international) et sur les pays émergents, et définir quelles sont à notre sens les priorités de politique économique à mener.

CHAPITRE 7

Transition énergétique et agricole : des choix cornéliens

Nobody knows : rien ne peut mieux résumer la situation énergétique mondiale qui se profile à l'horizon. La pandémie nous avait déjà amenés à modifier certaines de nos certitudes. Mais il est clair que la crise ukrainienne en a plus que « rajouté une couche » dans ce domaine. Redécouvrir les charmes du gaz de schiste, qui l'aurait cru il y a seulement quelques mois ?

Et pourtant nous partions d'une situation, loin d'être satisfaisante certes, mais au moins relativement bien balisée. 195 pays avaient, en 2015, signé l'accord de Paris à l'issue de la COP21. Après l'échec du sommet de Copenhague, de très significatives promesses avaient été ratifiées. L'objectif d'une hausse de la température de la planète de 1,5 °C par rapport à l'ère préindustrielle à l'horizon 2100 était un objectif, ambitieux certes, mais réaliste en 2015. L'accord de Paris concernait tous les pays et pas seulement les pays développés. Le charbon qui est encore la principale source d'énergie pour la production d'électricité devait voir sa part diminuer de 40 à 13 % de la production mondiale d'électricité. Enfin, les pays développés s'engageaient à aider les pays émergents à hauteur de 100 milliards d'euros par an pour financer la transition énergétique. Ce n'est déjà pas si mal. L'accord de Paris ne constitue pas pour autant la panacée. Pour ne prendre que deux exemples, l'accord n'est pas contraignant et le sujet de la taxe carbone a été soigneusement évité. Mais il avait l'immense avantage d'être signé par tous.

Il faut à ce stade bien reconnaître qu'entre les intentions, si sincères soient-elles, et la réalité de la mise en œuvre, le « gap » est encore très grand. De la coupe aux lèvres, la distance reste immense. Pour prendre un peu de recul, il faut rappeler les enjeux avant de se pencher sur les solutions.

Un défi titanesque

Les chiffres ont le mérite de fixer les idées. L'inventaire « à la Prévert » qui suit n'a pour mérite que de cadrer certains des principaux enjeux écologiques :

• La température moyenne mondiale a augmenté de près de 1 °C depuis 1880 et devrait voir sa croissance s'accélérer jusqu'à 4 °C d'ici à la fin du siècle.

• 1 400 milliards d'euros par an : c'est le coût de la mauvaise qualité de l'air pour la seule Europe.
• Le niveau de la mer pourrait augmenter de 1 mètre d'ici à 2100 alors que 400 millions de personnes vivent à moins de 1 mètre au-dessus du niveau des mers. Il est clair que ce phénomène hydraulique devrait conduire à des conflits d'usage et on prévoit de 150 millions à 1 milliard de déplacés environnementaux qui s'ajouteront aux grandes vagues migratoires existantes.
• Depuis 1960, le manteau neigeux s'est réduit en moyenne de 18 % par décennie dans l'hémisphère Nord.

Et peut-être plus inquiétant encore : 10 millions de dollars par minute sont dépensés en subventions aux énergies fossiles, alors même que le rapport Stern qui fait désormais référence[1] chiffre à 1 % du PIB mondial par an, à peine devrait-on dire, l'ensemble des coûts de la lutte contre le changement climatique.

Un constat alarmant et presque effarant

Il est clair que la crise ukrainienne a encore noirci ce diagnostic. À cette occasion, on a découvert au moins deux phénomènes pourtant bien documentés mais passés jusque-là sous le radar de la plupart des médias. D'abord, l'extrême dépendance et donc la fragilité de l'Europe. On en avait eu un avant-goût avec les masques, les premiers

1. *The Economy of Climate Change. The Stern Review*, 2007.

vaccins et, dans un autre genre, les circuits intégrés indispensables à certaines industries (comme celle de l'automobile par exemple). Le gaz russe a sérieusement enfoncé le clou. Certes, de manière très différenciée (d'où la difficulté d'adopter une position commune). Il y a les pays qui sont ou qui se sont mis entre les mains russes comme la Bulgarie (100 %), la Finlande (100 %), les pays baltes (plus de 80 %), la Pologne (81 %) et même l'Allemagne (54 %) et d'autres qui, grâce au nucléaire et aux énergies renouvelables, sont relativement moins impactés. Mais ce qui est peut-être plus grave c'est que les principales alternatives (comme le gaz naturel liquéfié ou GNL) relèvent de pays comme l'Arabie saoudite, l'Algérie, l'Iran, le Nigeria et le Venezuela qui ne peuvent pas être considérés comme des modèles de démocratie. S'ajoutent à cela des problèmes majeurs de transport (pour le GNL notamment) et de reconditionnement qui ne pourront se résoudre que très progressivement. Comme le note avec justesse Bruno Le Maire, ce choc « est comparable en intensité et en brutalité au choc pétrolier de 1973 ».

Deuxième front, le blé. « L'Europe comprend enfin qu'il est utile de produire du blé », soulignait avec pertinence Sébastien Abis, auteur de *Géopolitique du blé*[1]. Il serait temps ! Là aussi, nous nous sommes fait piéger par une mondialisation non régulée. Et la Russie comme l'Ukraine

1. Sébastien Abis, *Géopolitique du blé. Un produit vital pour la sécurité mondiale*, Armand Colin, 2015.

en ont profité, devenant les troisième et septième producteurs, mais surtout les premier et cinquième exportateurs mondiaux. Si l'on ajoute à cela les engrais, dont la Russie et la Biélorussie sont parmi les premiers producteurs mondiaux, le tableau paraît bien sombre. Cette menace est d'autant plus grave qu'en matière de stocks nos réserves sont limitées à seulement un trimestre. Il est vrai – et rien n'est moins rassurant – que ces menaces sont différenciées, la zone MMO (Maghreb-Moyen-Orient) étant particulièrement fragile (les besoins s'élevant entre 180 et 200 kilos de pain par habitant contre 60 pour la moyenne mondiale). Dernier chiffre, sur les 26 pays qui dépendent à plus de 50 % du blé ukrainien ou russe, l'écrasante majorité se situe dans l'hémisphère Sud. Les émeutes de la faim, le retour…

Il est clair qu'en matière de gaz et de blé nous récoltons (si l'on peut dire…) ce que nous avons semé au travers d'une mondialisation anarchique. Faut-il pour autant céder au fatalisme ? Bien sûr que non. De multiples pistes de solutions existent et certaines ont déjà été explorées. Mais on est encore loin du compte. Deux prolégomènes à cette réflexion. Premièrement, nous le redisons, il faut prendre conscience que le maître mot pour l'avenir est celui de la rareté : rareté de certains produits, rareté des compétences, rareté d'un certain type de recherche, rareté de certains capitaux… Deuxièmement : tout est question de rythme. Certaines évolutions sont trop rapides comme, dans des genres bien différents, la diffusion du virus Omicron ou la reconfiguration du marché mondial de l'énergie ; d'autres paraissent trop lentes comme la modification du « mix » énergétique ou la mise en œuvre des relocalisations pour certaines entreprises. Certes, les crises sanitaires ou écologiques poussent à accélérer l'Histoire. Mais c'est bien de la désadéquation entre la brutalité d'irruption des problèmes et la « lenteur » de mise en pratique des solutions que proviennent aujourd'hui les hiatus les plus criants.

Pour prendre la mesure des défis à relever, il faut bien avoir conscience que la transition environnementale est tout sauf « un long fleuve tranquille ». Le risque vient aussi bien des gagnants que des perdants. Du côté des gagnants, il est sûr que la Chine, toujours imprévisible, va accélérer le basculement du monde à son profit. Pour ne prendre qu'un seul exemple, n'oublions pas que ce pays produit 72 % des modules solaires du monde, 65 % des batteries au lithium et 45 % des éoliennes. Du côté des perdants, il est évident que ce « nouveau choc pétrolier » va bouleverser de nombreux équilibres géostratégiques en particulier au Moyen-Orient. De ce point de vue, l'Arabie saoudite est un cas d'école. Avec sa capacité de production de 10 millions de barils par jour, elle se croyait en capacité de peser sur le destin de tous les autres pays du monde, avec la complicité de son allié historique américain, mais elle a récemment vu ses recettes publiques s'effondrer face au « retour en grâce » de son ennemi héréditaire, l'Iran. Et sa récente alliance de circonstance avec la Russie ne pourra rien y faire.

Les problèmes posés par la transition énergétique ne s'arrêtent pas là. Les 100 milliards d'euros par an promis aux pays émergents (une somme modeste à l'échelle des pays développés) ne sont toujours pas au rendez-vous. La rénovation thermique des bâtiments se révèle beaucoup plus difficile à réaliser techniquement que prévu initialement, au-delà même du coût de ce chantier. Même si le rapport Stern a relativement minimisé ce problème, compte tenu de l'immensité de l'épargne à l'échelle mondiale, le coût de ces différents chantiers reste pharaonique car, pour être pleinement efficace, il doit être assumé le plus vite possible. À l'échelle européenne cela représente 100 milliards d'euros par an… pendant trente ans soit 4 % environ du PIB européen.

Pour arriver à relever un tel défi, il faut commencer à prévenir trois risques majeurs. D'abord celui des fausses bonnes idées. L'exemple le plus récent est celui de la coupure brutale du gaz russe. Si souhaitable qu'elle soit sur le plan humanitaire, cette solution est absurde, car elle remettrait immédiatement en cause le fragile équilibre sur lequel repose l'unanimité si chèrement gagnée des sanctions européennes. Ensuite, celui des incohérences. Les soutiens publics directs et indirects aux énergies fossiles représentent encore près de 40 milliards d'euros par an. On croit rêver ! Enfin, les tabous. Il est temps de lever ceux-ci au plus vite. Le fait que plus de cent prix Nobel de sciences, qui ne peuvent pas tous être inféodés aux lobbies agricoles, aient signé en 2016 une tribune (publiée sur le site supportprecisionagriculture.org) pour favoriser au moins la recherche en matière d'OGM va, de ce point de vue, dans le bon sens.

Une fois balayé ces chimères, on se rend compte que de multiples solutions existent et qu'il faut avancer de concert. Sans prétendre être exhaustifs, on peut dresser une première liste des mesures à prendre très vite. Commençons par reconnaître que des premiers pas ont déjà été franchis. L'Europe, qu'il est de bon ton de fustiger, a montré l'exemple. Du Greendeal acté en 2019 au plan d'investissement de 750 milliards d'euros dont 30 % devront être exclusivement consacrés à la lutte contre le réchauffement climatique, que de distance a été parcourue ! Mais il faut aller encore plus vite, plus loin et plus fort. En manière d'énergie renouvelable bien sûr, éolienne comprise. En manière d'hydrogène, élément chimique le plus abondant de l'univers, comme le notent avec justesse Olivier Appert et Patrice Geoffron[1], les possibilités de « blanchiment » (l'hydrogène est encore produit à 95 % à partir du gaz et du charbon) sont pratiquement infinies. Reste à passer à l'acte.

De même en est-il de l'eau. Les pistes à creuser sont connues et nombreuses. Au-delà des efforts déjà consentis, la priorité nous semble devoir être donnée à la désalinisation et au traitement des eaux usées, clairement en retard en matière d'innovations et surtout de réalisations. Impossible de ne pas parler à ce stade de la taxe carbone.

1. *Annales des Mines*, mai 2021.

Cette idée, défendue depuis plus de vingt ans, notamment par Christian de Perthuis en France, commence à faire son chemin. Encore loin de faire l'unanimité, on a, « grâce » à la crise, dépassé aujourd'hui la majorité des opinions publiques et des gouvernants qui y sont favorables. Les gilets jaunes font, au moins en apparence, moins recette. Encore faut-il que le niveau de cette taxe soit suffisamment élevé pour être vraiment dissuasif. Encore un effort mesdames et messieurs les politiques !

Cela nous amène à évoquer plus largement la sphère de la finance, très réticente au départ à freiner la croissance des géants de l'énergie, mais poussée par ses clients (en particulier les fonds de pensions américains) ; elle a commencé sa mue, en matière de financement des industries carbonées, mais aussi dans les domaines de l'ISR (Investissement socialement responsable). L'ISR est, certes, totalement sous-développé en Europe par rapport aux États-Unis (de l'ordrc de 1 à 10), mais les initiatives se multiplient depuis deux ou trois ans. Dans un domaine similaire, il convient de ne pas oublier les territoires. Une fois encore, à partir des États-Unis (en Californie, pionnière en la matière), les grandes villes se sont converties, plus rapidement que les États, à la transition écologique. Ces exemples de la finance et des territoires nous amènent à faire deux remarques, essentielles pour l'avenir.

Tout d'abord, nous sommes en train de basculer peut-être définitivement, « grâce » aux crises, d'une économie *top-down* où tout est plus ou moins décidé par l'État au sommet à une économie *bottom-up* où les initiatives partent du terrain, de la périphérie. Autre basculement qui se produit simultanément (avec de nombreux chevauchements entre les deux), celui du public au privé. Force est de constater qu'en matière de transition énergétique les États sont indispensables mais lents, au moins dans les démocraties. Le privé et le local sont infiniment plus réactifs et plus flexibles. Cela va inévitablement nécessiter une adaptation, profonde et donc conflictuelle, des circuits de décision publics. Philosophiquement, au moins, cela pousse non pas vers une transition, mais vers une véritable « bifurcation écologique », comme le prône depuis un petit nombre d'année Jean-Luc Mélenchon (qui n'a pas toujours tort…). Nous préférons à ce terme de « bifurcation » celui, plus radical, de « rupture ». Il y a trois ans, dans notre précédent ouvrage[1], nous proposions huit « ruptures » parmi lesquelles figurait la rupture écologique. Celle-ci n'a pas encore eu lieu. Il serait temps.

Des pistes à creuser

Pour éclairer l'avenir, il est utile de procéder à quelques rappels.

1) L'asymétrie fondamentale aujourd'hui entre les États-Unis et la zone euro.

1. Patrick Artus, Olivier Pastré, *L'Économie post-Covid*, *op. cit.*

La zone euro importe la quasi-totalité de son énergie alors que les États-Unis sont presque indépendants en matière d'énergie.

Si bien que la hausse des prix de l'énergie appauvrit la zone euro, qui doit verser du revenu au reste du monde, alors qu'elle génère des transferts de revenu entre agents économiques à l'intérieur des États-Unis, mais n'appauvrit pas globalement ce pays.

Lorsque le prix de l'énergie augmente, on observe donc un recul de la croissance dans la zone euro comme en 2022, mais pas aux États-Unis. On constate également un recul des indices boursiers de la zone euro, avec la perte de revenu qui va avec, par rapport aux États-Unis.

2) Deuxième rappel sous forme de question.

À quelle vitesse le monde, l'OCDE et l'Union européenne se débarrassent-ils des énergies fossiles ? Si nous regardons l'évolution de la consommation de pétrole, de gaz naturel et dc charbon, du monde, de l'OCDE et de l'UE, relativement au PIB, nous nous demandons :

- Si la vitesse de réduction de l'usage des énergies fossiles s'est accélérée et comment se situe la trajectoire par rapport à celle qui respecte les accords climatiques internationaux.
- En combien de temps le monde aura réduit, pour ces trois sources d'énergie, sa consommation du montant des exportations de la Russie.

Ces rappels indispensables étant faits, l'avenir peut s'éclairer autour de trois questions.

1) Le parallélisme est-il nécessaire entre l'offre et la demande d'énergies fossiles ?

Il existe un risque majeur pendant la transition énergétique : que l'offre d'énergies fossiles diminue plus vite que la demande. Il en résulterait une forte hausse des prix des énergies fossiles, le risque d'une pénurie d'énergie, et l'apparition de rentes, pour les pays producteurs, pour les entreprises du pétrole et du gaz naturel.

Le recul de l'offre d'énergies fossiles vient, pour les pays de l'OPEP, d'un comportement de monopoliste (freinage de la production pour faire monter les prix) et, pour les entreprises privées, de la pression des opinions et de la finance qui veulent une réduction forte et rapide des investissements dans le pétrole, le gaz naturel et le charbon.

La solution raisonnable pour éviter ce déséquilibre entre offre et demande n'est pas d'accepter de produire davantage de ces énergies, mais d'accélérer la transition vers les énergies renouvelables.

2) Comment traiter le problème des investissements de rentabilité faible de la transition énergétique ?

La transition énergétique nécessite des investissements supplémentaires massifs, dont une partie importante (décarbonation de l'industrie, rénovation énergétique des bâtiments et logements) a une rentabilité financière faible.

Ces investissements ne peuvent donc pas être réalisés en l'état par le secteur privé. Alors, comment faire ? Est-ce à l'État de les assumer, ou bien faut-il augmenter fortement le prix du carbone pour accroître le rendement privé des investissements de transition et imposer par la réglementation au secteur privé de réaliser ces investissements ?

Le prix du CO_2 qui fournit une rentabilité acceptable par le secteur privé de l'investissement de transition énergétique est de 360 dollars (contre 80 aujourd'hui) la tonne de CO_2. Nous ne sommes pas sortis de l'auberge…

3) L'État doit-il administrer le prix de l'énergie ?

La hausse très forte du prix de l'énergie peut pousser les États à administrer les prix de l'énergie, et à prendre à leur charge l'écart éventuel entre le prix de marché et le prix administré. Que penser de cette pratique, utilisée aujourd'hui en France par exemple ?

Elle présente l'avantage, évidemment, d'éviter une variabilité forte et déstabilisante des prix de l'énergie et des pertes insupportables de pouvoir d'achat pour les ménages modestes. Mais il faut alors distinguer entre une hausse transitoire et une hausse permanente des prix de l'énergie. En cas de hausse transitoire, les avantages ci-dessus l'emportent. Mais, en cas de hausse durable, le blocage des prix de l'énergie crée une charge budgétaire très élevée, qu'il faut financer. En outre, il fait disparaître le signal-prix d'une énergie chère, favorisant les économies d'énergie, et entraîne un saut violent du prix s'il faut finalement sortir du blocage.

Il est possible qu'aujourd'hui la hausse observée des prix de l'énergie soit permanente.

Pour conclure de manière synthétique, sans entrer dans le détail de certaines propositions que nous ferons dans la suite de ce livre, il convient de mettre en lumière les points suivants :

1) D'abord, commençons par limiter au maximum les réformes non productives et balayons devant notre porte. Deux exemples parmi tant d'autres : quand on voit le ministère de l'Agriculture pénaliser les haies et les jachères, alors que ce sont parmi les plus efficaces capteurs de CO_2 et ennemis de l'érosion des sols, on croit rêver. Plus grave encore car infiniment plus pénalisant sur le plan budgétaire, le « bouclier tarifaire », parfaitement défendable sur le plan politique, a un coût exorbitant (100 milliards d'euros à ce jour) et surtout brouille l' « effet prix » qui constitue le meilleur moyen de modifier les comportements.
2) Si l'on veut passer aux choses sérieuses, en mettant à part l'absolue nécessité d'une planification énergétique, les trois priorités à court terme nous semblent être : 1) l'établissement d'une taxe carbone vraiment dissuasive pour, là encore, modifier les comportements, notamment des entreprises ; 2) une politique d'efficacité énergétique qui ne soit pas seulement cosmétique (15 milliards d'euros, à comparer au coût du « bouclier tarifaire »), car ces investissements, lourds, certes, sont des investissements durables au double sens du terme ; 3) enfin, bien sûr, une nouvelle politique de tarification avec l'abandon (qui peut être à géométrie

variable selon les pays) du couplage rigide du prix du gaz et de celui de l'électricité. À un niveau moins géostratégique, l'émission d'euro-obligations « vertes » avec un fort appui de la BEI, sans bouleverser les grands équilibres, est à recommander, car elle peut être mise en œuvre très vite.

Enfin, à plus long terme, il est clair que tous les investissements faits en matière de lancement de voitures électriques doivent être priorisés, car il s'agit bien là – c'est notre credo – d'une véritable rupture…

CHAPITRE 8

Le système monétaire international à réinventer ?

La crise du Covid, en conduisant à une hausse considérable de l'endettement public et de l'offre de monnaie, a fait apparaître des modifications substantielles dans le fonctionnement du système monétaire international.

Les questions essentielles qu'il faut se poser nous paraissent être les suivantes :

- L'énorme croissance de l'offre de monnaie a-t-elle provoqué un mouvement de défiance vis-à-vis des monnaies publiques, et le report vers des actifs liquides refuges : or, cryptomonnaies ?
- Les pays de l'OCDE ont pu accroître fortement leurs dettes publiques ; mais qu'en est-il dans les pays émergents ? Ces derniers ne disposent *a priori* pas de l'arme de la monétisation des dettes, du fait du risque de sorties de capitaux.

• Comment ont évolué les flux de capitaux internationaux alors que les dettes publiques ont été massivement achetées par les banques centrales ? Leur composition a-t-elle changé, par exemple au profit d'achats d'actions ou d'investissements d'entreprises ?

À ces conséquences de la crise du Covid, il faut ajouter aujourd'hui celles de la guerre en Ukraine.

On s'attendait à ce que la saisie des réserves de change de la Banque centrale de Russie conduise à une défiance vis-à-vis du dollar et des grandes monnaies de réserve. Il n'en a rien été, au contraire : le dollar a joué son rôle traditionnel de monnaie refuge en cas de crise.

Le point de départ : la hausse des déficits publics et de l'offre de monnaie

La crise a conduit dans les pays de l'OCDE, la Chine et le reste du monde à des déficits publics très importants et donc à une forte hausse de l'endettement public qui atteint, dans les pays de l'OCDE, 122 % du PIB en 2022, 14 points de plus qu'en 2019.

La crise a entraîné aussi une forte hausse de l'offre de monnaie, surtout dans les pays de l'OCDE, avec des politiques monétaires « accommodantes » visant à permettre des politiques budgétaires expansionnistes et à faire baisser les taux d'intérêt à long terme.

Ces chocs peuvent avoir modifié de manière substantielle le système monétaire international.

La défiance vis-à-vis des monnaies publiques

Une très forte hausse de l'offre de monnaie peut susciter la défiance vis-à-vis de certaines monnaies publiques. Elle se manifesterait par des mouvements importants des taux de change ; on observe, effectivement, une forte dépréciation des monnaies des pays émergents, surtout ceux d'Amérique latine. Elle pourrait aussi se traduire par la hausse des prix des actifs liquides refuges : or, cryptomonnaies (graphique 8.1).

Graphique 8.1.
Prix des cryptomonnaies (en $)

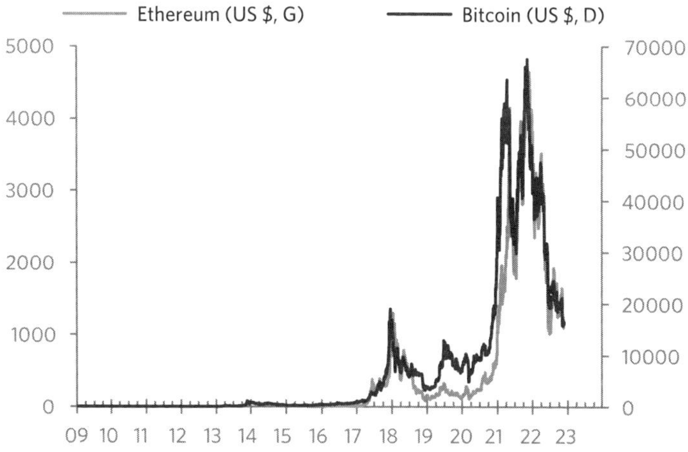

Sources : Refinitiv, Natixis.

On observe effectivement à partir de 2020 une forte hausse des prix des cryptomonnaies, mais ultérieurement leurs prix, au contraire, s'effondrent.

On ne voit donc pas de défiance vis-à-vis des monnaies publiques malgré la croissance très forte de la quantité de monnaie.

L'endettement des pays émergents

Dans les pays de l'OCDE, la hausse très forte de l'endettement public a été grandement facilitée par la monétisation des dettes publiques, qui a permis de maintenir des taux d'intérêt très bas.

Mais, dans les pays émergents, la monétisation de la dette peut être très dangereuse : elle peut conduire à d'importantes sorties de capitaux, les épargnants de ces pays « dollarisant » leurs portefeuilles pour se protéger contre la dépréciation du change. La monétisation des dettes publiques est le procédé par lequel la banque centrale rachète les dettes publiques et les remplace par de la monnaie, ce qui peut créer une défiance vis-à-vis de la monnaie et des sorties de capitaux.

Le graphique 8.2 montre les flux de capitaux vers les pays émergents hors Chine. On observe des sorties fortes de capitaux à partir du début de 2021.

Ces sorties de capitaux sont associées à une hausse des taux d'intérêt à long terme (graphique 8.3) : il y a bien défiance vis-à-vis des pays émergents où les sorties de capitaux conduisent à une hausse des taux d'intérêt, par la contraction de la liquidité disponible que provoquent ces sorties.

La hausse de l'endettement public qui apparaît dans toutes les régions émergentes a provoqué des sorties de capitaux et une hausse des taux d'intérêt en Amérique latine et en Turquie, pas dans les pays émergents d'Asie ou en Afrique. Les pays d'Amérique latine et la Turquie semblent particulièrement fragiles, et il semble très difficile d'y utiliser le *quantitative easing*.

Graphique 8.2.
Émergents hors Chine :
flux annualisés de capitaux (Md$)

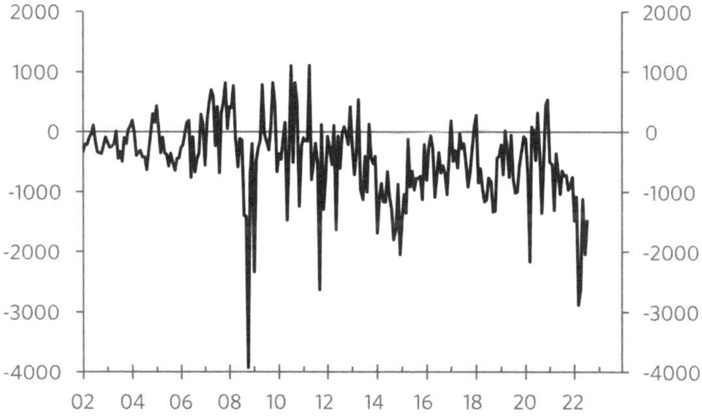

Sources : Refinitiv, FMI, Natixis.

Graphique 8.3.
Ensemble des émergents hors Chine :
taux d'intérêt à dix ans sur les emprunts d'État (en %)

Sources : Refinitiv, Natixis.

La nature des flux de capitaux internationaux

Les banques centrales des pays de l'OCDE ont massivement acheté des dettes publiques. Qu'en résulte-t-il alors pour les flux de capitaux internationaux ? Les dettes souveraines ont-elles été remplacées par les actions ou les investissements d'entreprises ? Les flux de capitaux se dirigent-ils vers les pays ayant des déficits extérieurs : États-Unis, Amérique latine, Afrique ?

L'observation des faits montre, aux États-Unis, en moyenne, davantage d'entrées de capitaux en actions et obligations privées, moins d'entrées de capitaux en obligations du secteur public, une stabilité des investissements directs et des flux de capitaux monétaires ; en Amérique latine, les entrées de capitaux restent en obligations et en investissements directs ; en Afrique, on constate un recul des entrées de capitaux en portefeuilles et investissements directs ; pour l'ensemble des émergents, comme pour les États-Unis, on voit l'importance croissante des entrées de capitaux en actions.

Globalement, il y a bien substitution des actions aux obligations dans les flux de capitaux internationaux.

Il s'agit probablement d'un effet d'éviction dû à deux causes : les achats massifs de dettes publiques par les banques centrales ; les taux d'intérêt très bas sur les obligations.

La guerre en Ukraine et la saisie des réserves de change de la Russie

Dès le début de la guerre en Ukraine, les pays occidentaux ont saisi les réserves de change en devises de la Russie. On a alors craint que d'autres pays (Chine, pays d'Afrique...), potentiellement en conflit avec les États-Unis, s'inquiètent et sortent du dollar (ou des autres grandes devises occidentales) pour éviter de subir le même sort que la Russie.

Le graphique 8.4, qui présente l'encours de dette du Trésor américain détenu par les grandes banques centrales, montre qu'on a observé une certaine baisse des réserves de change en dollars, détenues dans les pays émergents ou en Chine, mais pas un effondrement.

Graphique 8.4.
États-Unis : encours des *treasuries* à l'actif de… (Md$)

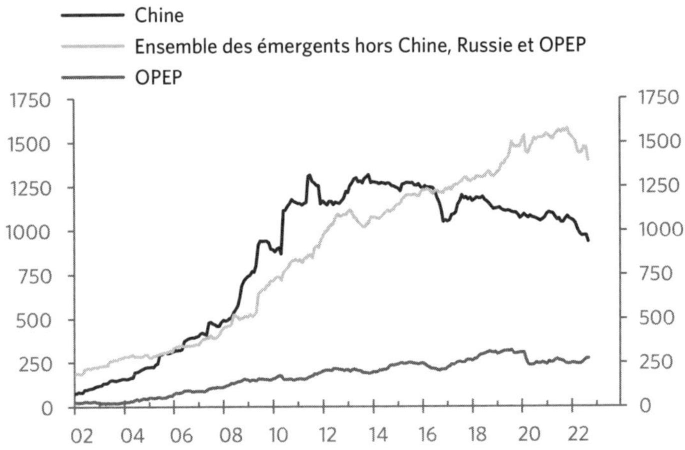

Sources : Refinitiv, TIC, Natixis.

Au contraire, la guerre en Ukraine a déclenché une forte appréciation du dollar (graphique 8.5), signe de ce que le dollar, comme d'habitude, joue le rôle de monnaie refuge dans les crises.

En réalité, peu de pays peuvent se « fâcher » avec les États-Unis et l'Europe. Ceux qui le peuvent (en ne participant pas aux sanctions contre la Russie, par exemple) sont ceux où les exportations vers les États-Unis et l'Europe sont limitées et qui détiennent peu de réserves de change en dollars ou en euros. Il s'agit de l'Iran, de l'Argentine, de l'Égypte, de l'Indonésie, du Pakistan, de l'Inde et de l'Afrique subsaharienne.

Graphique 8.5.
Taux de change euro/dollar
et taux de change effectif nominal du dollar

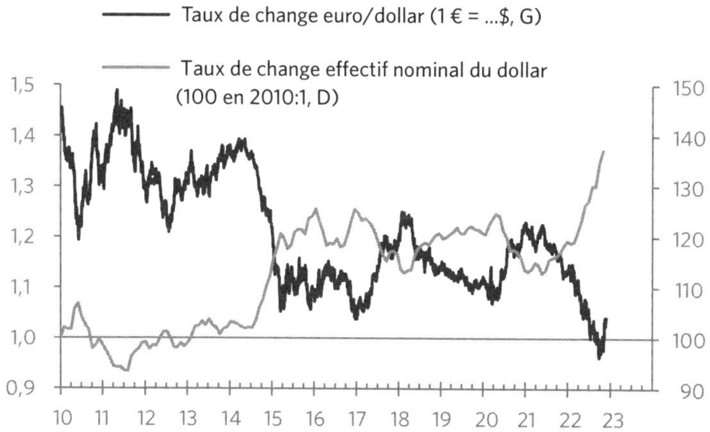

Sources : Refinitiv, BIS, Natixis.

Qu'en conclure pour le système monétaire international ?

Au total, peut-on attribuer à la crise du Covid ou à la guerre en Ukraine un changement important dans le fonctionnement du système monétaire international ?

Le choc initial est la forte hausse de l'endettement public et de l'offre de monnaie dues à la crise du Covid.

Nous avons vu qu'on peut attribuer à ce choc les conséquences suivantes : une certaine défiance vis-à-vis des monnaies publiques, d'où la hausse initiale des prix des cryptomonnaies, mais elle n'a pas duré ; une forte défiance pour l'Amérique latine (sorties de capitaux, dépréciation du change), mais pas pour les autres régions émergentes, à l'exception de la Turquie ; la transformation de la nature des flux de capitaux internationaux, avec la hausse du poids des capitaux en actions par rapport aux capitaux en obligations.

Cette dernière évolution est importante : elle révèle que l'attrait pour les dettes sans risque n'est plus aussi important, qu'il y a une « privatisation » du système monétaire international, qui reflète peut-être la perte de qualité globale des dettes publiques (certainement en Amérique latine, mais aussi dans les pays de l'OCDE). Les investisseurs non résidents, en effet, peuvent préférer les dettes publiques ou les actifs privés, notamment les actions. D'où cette notion de système monétaire international public ou privé. Or on observe une préférence croissante pour les actions, révélant le basculement vers un système monétaire international privé.

Enfin, la guerre en Ukraine et le gel des réserves de change de la Banque centrale de Russie n'ont entraîné, contrairement aux attentes, aucun recul du rôle de monnaie de réserve du dollar.

La question de la fragilité de la zone euro

Le passé avait déjà montré la fragilité de la zone euro. Après la crise des *subprimes* de 2008-2009, les pays à excédent extérieur de la zone euro (Allemagne, Pays-Bas) décident d'arrêter de prêter leur excédent d'épargne aux pays déficitaires (Espagne, Italie, Grèce). Ces derniers doivent faire disparaître leur déficit extérieur (graphique 8.6), ce qui conduit à la chute de leur demande intérieure et déclenche la crise de la zone euro (2010-2013).

Y a-t-il aujourd'hui un nouveau risque de crise dans la zone euro ? Le risque essentiel vient de la remontée des taux d'intérêt due à l'inflation et à la réaction de la BCE et des marchés financiers à celle-ci. Certains pays (Italie, Grèce) perdent la soutenabilité de leur dette publique parce qu'ils cumulent des taux d'intérêt élevés et une croissance faible annuelle.

Graphique 8.6.
Balance courante (en % du PIB valeur)

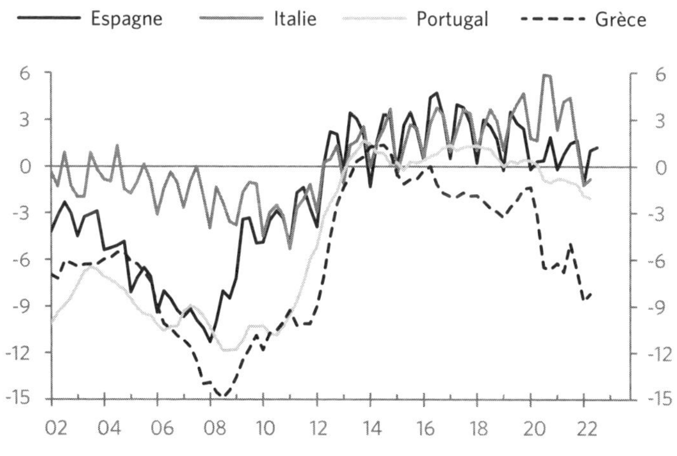

Sources : Refinitiv, Natixis.

Cependant, les leçons du passé ont été comprises : la BCE met en place un dispositif de stabilisation des écarts de taux d'intérêt entre les pays, grâce à l'achat spécifique des dettes publiques des pays qui seraient en difficulté. De plus, les pays périphériques n'ont plus, ou nettement moins, de déficit extérieur qu'en 2010, et il faut se rappeler que la crise de la zone euro était surtout une crise de la balance des paiements, avec l'arrêt du financement des pays déficitaires par les pays à excédent extérieur. La zone euro est plus robuste aujourd'hui qu'après la crise des *subprimes*.

La finance peut mieux faire

S'il est un domaine où, paradoxalement, le Covid et la guerre en Ukraine ont eu peu d'effet majeur, c'est bien celui de la finance au sens strict. Un léger progrès tout de même : un certain nombre de débats oiseux, comme par exemple celui sur la disparition de la monnaie fiduciaire (l'argent liquide) sous le choc des nouvelles technologies, ont cessé de monopoliser l'attention du grand public. Mais, au-delà de cette victoire par défaut, les choses ont peu (trop peu ?) changé dans le domaine de la finance.

La seule vraie victoire, liée à la guerre en Ukraine (même si ce n'est qu'en partie), est celle de la lutte contre les paradis fiscaux. L'enjeu n'est pas mince, puisque l'on estime à 50 milliards d'euros par an les pertes de recettes dans la seule Union européenne, liés directement à l'évasion fiscale. Les avancées dans ce domaine sont doubles. D'abord et avant tout, l'imposition par le G7 d'une taxe mondiale de 15 % minimum pour les entreprises réalisant plus de 750 millions d'euros de chiffre d'affaires. Ensuite, plus ciblé, mais non moins important, un *reporting* et une taxation sont exigés, non pas globalement mais pays par pays. Le dispositif n'est certes pas parfait. Des entreprises comme Amazon échappent encore par miracle à cette réglementation et les superviseurs locaux ne font pas tous acte d'une poigne aussi rigoureuse. Mais il est possible de considérer qu'un grand pas a quand même été franchi et semble irréversible.

En dehors de ce cas particulier, dans la plupart des autres domaines, on peut considérer qu'on assiste à un quasi *statu quo*. Ainsi en est-il par exemple des règles prudentielles dans le domaine bancaire, en l'occurrence Bâle III. Ce nouveau dispositif réglementaire, initié au lendemain de l'éclatement de la « bulle Internet » et officialisé pendant la période de croissance qui l'a suivie – le point est essentiel –, revient *nolens volens* à pénaliser le financement des PME. En effet, il exige des banques qui veulent s'y adonner des ratios de fonds propres plus élevés, tandis qu'en parallèle des règles prudentielles concernant les compagnies d'assurances (Solvency II) les dissuadent d'investir en actions. Ce qui paraît raisonnable en période de croissance devient absurde en période de crise. Au moment même où les PME ont le plus besoin de financement et, plus encore, de fonds propres, « empêcher » la finance d'assurer cette fonction est parfaitement inconséquent et accentue le rôle procyclique qui est, par définition, le sien. Sur ce front, la raison l'a un tout petit peu emporté puisque l'application effective de Bâle III a été repoussée de 2022 à 2023 puis à 2025. Il n'empêche. Ces règles imposent en l'état un supplément de fonds propres de 39 milliards d'euros pour les seules banques européennes. Cela se traduit, entre autres, par une dégradation de la notation (et donc du coût de financement) de nombreuses banques et notamment des petites banques régionales *a priori* mieux à même d'évaluer leur risque de clientèle. S'ajoute à cela un autre défaut intrinsèque à Bâle III, celui de la concurrence réglementaire avec les États-Unis. Le dossier est déjà lourd comme peut en témoigner BNP-Paribas, fortement sanctionné (8,9 milliards de dollars en 2015) pour ne pas avoir appliqué le droit américain en dehors même du territoire de ce pays. Pour comprendre la place de Bâle III dans ce domaine, il faut rappeler – phénomène peu connu des citoyens et même des pouvoirs politiques – que l'économie américaine (et anglaise) se finance en gros aux deux tiers par les marchés et pour un tiers par les banques, alors que le pourcentage est inverse dans le reste du monde et en particulier en Europe continentale. Les réformes prudentielles s'appliquant aux banques impactent, de ce fait, les États-Unis moins que notre continent. S'ajoute à cela que, bien que moins menacés, les États-Unis ont appliqué les règles de Bâle III avec parcimonie, exonérant notamment leurs petites banques de quasiment toute contrainte. Ce point – d'importance – mis à part, force est de constater que, sur le plan prudentiel, la crise a très peu affecté le cadre qui empêche les banques européennes de faire leur métier, qui est celui de la transformation (les dépôts liquides finançant les engagements à long terme) et de soutenir les entreprises et les ménages les plus fragiles.

Parmi les autres domaines pour lesquels la crise n'a entraîné que très peu de transformations, on peut citer celui de la rémunération des banquiers. Certes, il y a eu de nombreuses déclarations comme celle de Christine Lagarde appelant au retour des valeurs aristotéliciennes de maîtrise de soi et d'honnêteté, « clef du vrai bonheur ». Certes, il y a eu quelques mesures prises de manière symbolique. Mais le prétexte de la concurrence interbancaire a continué d'être mis en avant pour justifier des modes de rémunérations qui restent fondamentalement injustes ct déconnectées de la réalité d'un monde en crise. Dans un genre différent, il semble que le Brexit n'ait pas eu l'effet de tsunami annoncé en matière de reconfiguration de la hiérarchie des places financières européennes ; même si la place financière de Londres a perdu son avance sur la place de Paris, il ne s'agit pas d'une évolution brutale mais progressive. Certes, il y a eu bien quelques relocalisations d'équipes ou même de départements en Europe continentale, mais ce mouvement est resté très limité et n'a fait émerger aucun véritable vainqueur. En parallèle, on aurait pu penser que la crise, avec notamment la baisse de la valeur boursière des banques en général, aurait donné lieu à un mouvement de consolidation du système bancaire européen encore trop émietté. Dans les faits, il n'en a rien été et le mouvement tant attendu de fusions et acquisitions dans ce domaine n'a pas eu lieu.

Reste enfin à aborder rapidement les domaines pour lesquels on peut considérer que les crises actuelles ont plutôt fait régresser le rôle des banques, qui devrait être positif, dans le financement de l'économie. Commençons par la construction européenne. Le seul chantier un tant soit peu avancé est celui des paiements. L'EPI (Initiative européenne de paiement) visant à concurrencer le quasi-monopole anglo-saxon dans ce domaine (Visa et Mastercard) a bien été lancée au tout début de la crise, même si celle-ci a entravé le démarrage de cette réforme. Pour le reste, le surplace a prévalu. C'est vrai dans le domaine de l'Union bancaire comme dans celui de l'Union des marchés des capitaux.

Enfin, dernier sujet d'importance, celui du contact client, talon d'Achille des banques de dépôts. Malgré les (ou du fait des) offensives des Gafam et malgré quelques efforts, notamment de la part de certaines banques mutualistes, la crise a plutôt conduit à une accélération de la numérisation sans l'indispensable accompagnement humain de ce mouvement.

Ne soyons pas trop critiques. Des micro- ou miniavancées ont été effectuées en matière d'information (activité des *hedge funds*, *stress tests*…), de limitation des risques (par exemple, restriction du *proprietary trading*, c'est-à-dire du négoce pour compte propre et donc sur fonds propres) et même de supervision (des agences de notation et des superviseurs eux-mêmes). Mais tout cela n'a pas empêché la poursuite de la spéculation qui s'est simplement déplacée vers d'autres terrains (les céréales notamment), alors qu'une modification de la taxation des plus-values à court terme aurait pu très facilement l'endiguer.

Au total, le bilan est plutôt mince, sans ces véritables avancées que la crise aurait dû et pu provoquer. Globalement, l'on constate un étirement plus grand du lien entre la finance et la croissance. La note finale est bien : « peut mieux faire »…

CHAPITRE 9

Les émergents à la croisée des chemins

Le contexte général

La situation des pays émergents est ambiguë.

D'une part, la hausse des taux d'intérêt sur le dollar est traditionnellement défavorable aux pays émergents, en attirant des capitaux vers les États-Unis, au détriment de l'investissement dans les pays émergents.

Mais, d'autre part, beaucoup de pays émergents profitent des prix élevés des matières premières, qui accroissent leurs revenus. Ces prix élevés sont dus à la poussée de la demande de biens après la crise du Covid.

La guerre en Ukraine peut-elle faire revenir de manière durable le risque émergent ? Le choc a été, bien sûr, la prise de conscience de ce qu'un pays fortement intégré dans la globalisation comme la Russie pouvait brutalement en sortir, générant des pertes fortes pour les investisseurs et les entreprises.

On observe aujourd'hui effectivement une forte hausse du risque émergent (dépréciation du change, ouverture des CDS (*credit default swap* – autrement dit le prix de l'assurance contre le risque de défaut d'un pays – des pays émergents, recul des Bourses...), mais cette menace risque-t-elle de devenir permanente ? Quelle a été la durée dans le passé des périodes de forte perception du risque émergent, du point de vue des entreprises et des investisseurs ?

On observe que ces périodes ont toujours été courtes (six mois à un an et demi) ; très vite, on voit le retour des capitaux, la réappréciation du change, la remontée des cours boursiers, le resserrement des primes de risque.

Ne pas oublier qu'aujourd'hui beaucoup de pays émergents vont bien

En réalité, beaucoup de pays émergents vont bien, ont une économie en bonne santé, grâce à la hausse des prix des matières premières. Le petit nombre d'émergents qui vont mal sont ceux qui, à la fois, ont une dette extérieure importante et sont importateurs et non exportateurs de matières premières. Quand on investit dans les pays émergents, il suffit d'éliminer ce petit nombre de pays.

Le contexte macroéconomique global (hausse des prix des matières premières, hausse des taux d'intérêt) implique que les deux caractéristiques centrales des pays émergents aujourd'hui sont :

– leur situation vis-à-vis de l'énergie et des autres matières premières : sont-ils exportateurs ou importateurs d'énergie et de matières premières ?
– le niveau de leur dette extérieure est-il faible ou élevé ?

Les pays émergents qui sont dans la situation la plus difficile sont clairement ceux qui à la fois sont importateurs d'énergie et de matières premières et ont une dette extérieure importante.

Il s'agit de l'Égypte, du Bangladesh, du Mozambique, du Maroc, du Pakistan, de la Tunisie, de la Turquie, du Sri Lanka et du Sénégal.

Deux pays émergents méritent une attention particulière : la Chine et l'Inde.

La Chine est confrontée aujourd'hui à la perspective d'une croissance faible :

– avec le vieillissement démographique et le désendettement, qui affaiblissent structurellement la demande intérieure ;
– avec le Covid qui l'affaiblit à court terme.

Pour réaliser les objectifs officiels de croissance, qui sont pris très au sérieux, la Chine a besoin des exportations, et en particulier des exportations vers les pays de l'OCDE, qui représentent une partie très importante de sa croissance, alors que la demande intérieure est encore relativement faible.

Elle ne peut donc rien faire qui menacerait la croissance des exportations vers les États-Unis et vers l'Europe, qui sont d'ailleurs en croissance encore forte dans la période récente. À la différence de la Russie, la Chine regardera les effets de ses décisions sur son économie.

Depuis longtemps, la stratégie économique de la Chine était de fonder sa croissance davantage sur la demande intérieure et moins sur les exportations. Il était alors logique qu'elle ait une stratégie de devise forte, ce qui lui permettait de soutenir le pouvoir d'achat des consommateurs chinois, d'améliorer les termes de l'échange pour les entreprises.

Mais le vieillissement démographique est en train de faire échouer cette stratégie ; il affaiblit la demande intérieure, et force la Chine à revenir à une stratégie de croissance tirée par les exportations. Voilà pourquoi la Chine bascule vers une stratégie d'amélioration de la compétitivité-coût de l'industrie, donc de devise faible, et cette rupture dans la stratégie de change commence à se voir aujourd'hui.

Concernant l'Inde, on connaît les multiples problèmes structurels de ce pays :
– niveau d'éducation moyen faible de la population ;
– insuffisance des infrastructures (énergie, transport) ;
– insuffisance de l'épargne pour financer un niveau suffisant d'investissement ;
– nécessité d'importer de l'énergie ;
– difficultés politiques de la société indienne.

On voit que les explications pertinentes sont probablement :
- la démographie ;
- l'attractivité pour les investissements directs ;
- les politiques budgétaire et monétaire stimulantes ;
- le développement des technologies de l'information et des services aux entreprises ;
- le recul fort de la dépendance énergétique.

Par ailleurs, parmi les zones émergentes, il en est une qui revêt une importance particulière pour la France.

L'Afrique : un cas d'école

Dans cette période plus que troublée, les inconnues sont nombreuses et difficiles à classer. Mais, s'il en est une qui figure parmi les plus importantes, c'est bien celle de l'avenir de l'Afrique. Pour trois raisons au moins. Tout d'abord, par l'importance de ce continent, si ce n'est par son poids aujourd'hui, au moins de par son potentiel, en particulier démographique et en ressources naturelles. Ensuite, par certains indicateurs économiques qui démontrent de sa capacité à profiter des opportunités qu'offre la mondialisation, comme en témoigne l'incroyable développement du numérique sur ce continent. Enfin, et peut-être surtout, parce que selon le côté où retombent non pas la, mais les pièces, le destin du monde peut basculer. Concernant l'Afrique, on est passé d'un afro-pessimisme[1] à un afro-optimisme un rien béat au cours des dix dernières années. Il est temps, « grâce » à la crise, de remettre les pendules à l'heure.

L'Afrique dispose, certes, d'un grand nombre d'atouts. À commencer par sa croissance, certes inégale, mais incontestable. Parmi les quinze pays affichant la plus forte croissance au monde, dix sont des pays africains. Cela compte. Il y a aussi sa richesse en matières premières, y compris, potentiellement au moins, agricoles. S'ajoutent à cela d'incontestables progrès (même s'ils sont largement insuffisants) en matière d'éducation : alors que le taux de mortalité infantile a baissé de 20 % en trente ans, le taux d'alphabétisation a dépassé les 90 % en une décennie en Afrique du Sud et est supérieur à 75 % dans au moins cinq autres pays. Enfin s'affirme, si ce n'est un véritable démarrage, du moins un début d'intégration régionale, qui est la clé du devenir de ce continent où l'on compte plus de 2 400 langues différentes (contre une quarantaine en Europe). En témoigne le lancement d'une zone de libre-échange et, pour les États d'Afrique de l'Ouest, d'une esquisse de monnaie unique. Certes, signer un traité est une chose et le mettre en œuvre en est une autre. Mais ces initiatives témoignent d'un début de conscience panafricaine qui mérite d'être salué.

Face à ces promesses, des handicaps majeurs demeurent. En premier lieu, une déliquescence des structures étatiques[2],

1. René Dumont, *L'Afrique noire est mal partie*, Seuil, 1962.
2. Collectif, *L'Avenir de l'Afrique*, Institut Diderot, 2020.

porteuse de toutes les dérives communautaristes et de la plupart des mécanismes structurels de corruption. Deuxième écueil, celui de la création de valeur ajoutée locale. La force de la Chine est d'avoir progressivement (et pas toujours de manière légale) remonté la chaîne des valeurs pour fabriquer des produits de plus en plus sophistiqués. La faiblesse de l'Afrique tient aujourd'hui à son incapacité à opérer cette création de valeur autrement que de manière ponctuelle. Troisième handicap, la faiblesse des investissements directs étrangers (IDE). L'aversion au risque qui caractérise la période conduit à un repli marqué de ceux-ci que ne peuvent que compenser à la marge le retour aux pays des capitaux des migrants. Enfin comment ne pas mentionner la « malédiction de l'eau » ? Alors que l'on estime à 200 millions d'hectares les terres arables exploitables, l'incurie des uns et les conflits de territoires des autres privent ce continent d'un potentiel de croissance exceptionnel et fait le lit des famines à venir.

Face à cette situation contrastée, que nous ont enseigné ces trois dernières années de crise ?

D'abord que le Covid avait à ce jour (point essentiel) relativement épargné ce continent. Plusieurs explications à cet état de fait, au moins provisoire : la jeunesse de la population, une faible densité de l'habitat, une moindre mobilité des habitants que dans d'autres régions et, enfin, une succession de pandémies au cours des décennies précédentes qui a très sûrement favorisé la « mithridatisation » des populations. Cela ne doit pas cacher l'état dramatique du système de santé africain qui oblige à toutes les prudences quant à l'avenir sur ce front.

Concernant la guerre en Ukraine, l'impact est double : la révélation d'une dépendance agricole (blé, notamment) dénoncée depuis de nombreuses années et le rappel que de plus en plus de pays non démocratiques (Russie et Chine en particulier) ont fait de l'Afrique un terrain de jeu de plus en plus attractif avec toutes les conséquences que cela implique.

Arrivés à ce stade, au niveau global du bilan, il reste quelques interrogations et, si la volonté politique des grands pays démocratiques s'affirme enfin, de nombreuses solutions. Au rang des interrogations, nous citerons seulement les trois qui, à nos yeux, sont les plus importantes. La première est celle de la démographie. La natalité est une force incontestable jusqu'à ce qu'elle devienne une faiblesse majeure. Sur un continent où l'indice de fécondité est encore estimé à 4,4 enfants, la poussée démographique que celle-ci entraîne est gage de dynamisme de la population, mais crée une pression qui va rapidement devenir insoutenable. De 250 millions d'habitants en 1969 on est passé à 1,2 milliard en 2020 et, si rien n'est fait, on atteindra 2,5 milliards en 2050, c'est-à-dire, en termes de temporalité démographique, demain. C'est bien là où l'on retrouve la question de la pièce qui tombe du bon ou du mauvais côté. Deuxième interrogation étroitement liée à la première, celle des migrations. Cette interrogation se pose à un triple niveau : celle des pays d'origine avec, entre autres, la difficile solution à trouver en matière de *brain drain*, celle des migrations elles-mêmes, avec la multiplication des conflits au sein du même continent que celles-ci peuvent ou vont nécessairement générer et, enfin, celle des pays d'accueil qui, ne pouvant certes pas « accueillir toute la misère du monde », se doivent de trouver un juste équilibre entre le laxisme d'un côté et le refus de l'autre, équilibre qui, si on le définit avec mesure et rigueur (double condition difficile même à définir), pourrait s'avérer une solution *win-win* au moins pour les pays des deux rives de la Méditerranée. Troisième interrogation, qui n'est pas spécifique à l'Afrique, celle de l'intégration régionale. Pour attirer des capitaux, il faut offrir un marché de taille minimum. Sur un continent composé de cinquante-quatre pays, la voie peut paraître extrêmement étroite. Mais, des premiers pas ayant été déjà franchis, reste à effectuer les prochains le plus vite possible.

Du côté des solutions, il en est quatre au moins qu'il faut privilégier. Elles ne méritent que peu de développement tant elles paraissent évidentes. D'abord, l'éducation, moteur de tous les possibles. Si des progrès ont déjà été accomplis, d'innombrables lacunes persistent tant au plan qualitatif que quantitatif. Deuxièmement, l'eau, domaine dans lequel l'effet de levier des investissements publics mais aussi privés est parmi les plus importants en matière de développement. Troisièmement, la réforme des administrations, préalable indispensable à la lutte contre la corruption et donc à l'efficacité de l'action publique.

Quatrièmement, la (re)construction des chaînes de valeurs, condition *sine qua non* de l'accumulation locale du capital et des savoir-faire. Tout cela a bien sûr un coût qui, à l'échelle du continent, est considérable. Mais cela ne constitue pas une barrière infranchissable, car le retour sur investissement est, à moyen et à long terme, au moins quasiment garanti et pourrait être très significatif si l'on tient compte des effets externes positifs de tels investissements. Une dernière remarque : qui dit investissement dit presque obligatoirement conditionnalité. S'il est une conditionnalité qu'il faut « upgrader » aujourd'hui c'est bien celle de la régionalisation, fondement de toute rentabilité en Afrique, ceci en reconnaissant, comme nous avons essayé de le montrer, trop rapidement peut-être, qu'il n'existe pas, bien évidemment, une mais des Afriques….

CHAPITRE 10

Quelles priorités de politique économique après les crises ?

Après la crise du Covid, et compte tenu des évolutions économiques pendant la crise et en sortie de crise, sept grandes priorités de la politique économique française apparaissent : modifier la gouvernance des entreprises, stabiliser les prix des logements, corriger les inégalités qui vont venir de la hausse inévitable des prix de l'énergie, sélectionner les dépenses publiques les plus nécessaires, développer les productions stratégiques, accroître le taux d'emploi dans les pays où il est faible, changer les objectifs des banques centrales.

Une gouvernance plus équitable des entreprises

On a observé avec surprise que la crise du Covid, bien qu'elle ait fait apparaître de plus grandes exigences des salariés quant à la nature, à la qualité, à la pénibilité de leur travail, avait conduit à une forte déformation du partage des revenus en faveur des profits et au détriment des salariés.

Le graphique 10.1 montre que, pendant la crise, les salaires réels ont augmenté nettement moins vite que la productivité. Autrement dit, la part des salaires dans le PIB a reculé.

Graphique 10.1.
Ratio : salaire réel*/productivité par tête (100 en 2010:1)

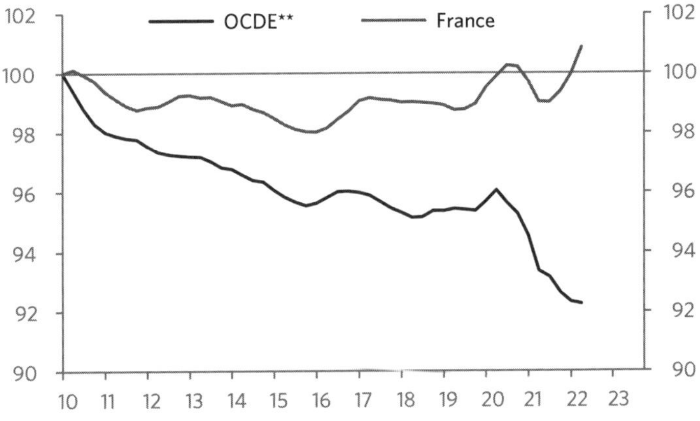

** Déflaté par le prix du PIB.*

*** États-Unis, Royaume-Uni, zone euro et Japon.*

Sources : Refinitiv, Sources nationales, Natixis.

Par ailleurs, les politiques monétaires très expansionnistes, avec des taux d'intérêt nettement plus bas que la croissance des revenus à long terme, ont conduit à une forte hausse des prix des actifs (actions, immobilier, valeur des entreprises), d'où bien sûr une forte hausse des inégalités patrimoniales. Les prix de l'immobilier, pour l'ensemble de l'OCDE, augmentent de 14 % par an en 2022 ; la valorisation des entreprises s'accroît de 16 % entre le début de 2020 et la fin de 2022.

Il paraît donc légitime et nécessaire de réfléchir à la gouvernance des entreprises et au partage de la valeur : comment obtenir que les gains de productivité soient distribués aux salariés ? Comment obtenir que l'enrichissement patrimonial des entreprises leur profite aussi ?

Cela passe probablement par un partage des profits plus ambitieux, par un actionnariat salarié plus développé. Sans ce mouvement vers une gouvernance plus équitable des entreprises, il est probable que les inégalités de revenu et de patrimoine deviendront insupportables.

L'intéressement et la participation, en France, ne concernent que 25 % des salariés des PME et 5 % des salariés des très petites entreprises. Les salariés ne détiennent que 3,5 % du capital des grandes entreprises. Sans développement de ces systèmes, la concentration des patrimoines va continuer à s'amplifier.

Stabiliser les prix de l'immobilier

Nous avons vu l'accélération des prix de l'immobilier résidentiel due aux politiques monétaires expansionnistes.

Cette accélération des prix de l'immobilier conduira nécessairement à terme à celle des loyers. Elle est d'une part dangereuse pour l'économie : l'éclatement des bulles immobilières a toujours dans le passé (1990, 2008) déclenché une crise financière. Elle est ensuite dangereuse d'un point de vue social. Le coût du logement devient insupportable pour les ménages modestes (en France, les 20 % de ménages au revenu le plus faible consacrent 22 % de leur revenu à se loger, contre 12 % pour les 20 % de ménages au revenu le plus élevé) et donc l'accès à l'achat d'un logement devient très difficile pour les ménages des classes populaires et des classes moyennes.

Qu'est-il possible de faire pour stabiliser les prix des logements ?

La première possibilité est d'accepter une politique monétaire plus restrictive. Tant que les taux d'intérêt à long terme sont considérablement plus bas que les taux de croissance, les prix de l'immobilier continuent normalement à augmenter.

Mais les banques centrales, particulièrement en Europe, sont incitées à conserver des taux d'intérêt bas, pour soutenir l'emploi et l'investissement, pour éviter une crise des dettes publiques.

La seconde possibilité est une utilisation plus active des politiques macroprudentielles : limitation de l'endettement, modification des ratios de capital exigés des banques si le crédit immobilier progresse trop vite. Le problème avec les politiques macroprudentielles est qu'elles accroissent les inégalités : si on limite le poids des remboursements des emprunts immobiliers ou la durée de ces emprunts, on retire aux ménages les plus modestes la capacité d'acheter un logement.

Il reste une solution très différente : construire davantage, pour stabiliser les prix des logements grâce à la hausse de l'offre de logements. C'est alors une réflexion sur les normes thermiques de construction, sur les règles d'urbanisme (pour pouvoir par exemple densifier les centres-villes) qu'il faut entamer.

Corriger les inégalités dues à la hausse du prix de l'énergie

On sait que le prix de l'énergie va continuer d'augmenter rapidement (graphique 10.2) avec la transition énergétique.

D'une part, l'offre d'énergies fossiles diminue plus vite que la demande, puisque les banques et les gérants d'actifs refusent de plus en plus de financer les investissements dans ces énergies fossiles, ce qui va conduire à des prix très élevés pendant la transition énergétique.

Graphique 10.2.
Ratio prix de l'énergie/prix de l'ensemble de la consommation
(100 en 2010:1)

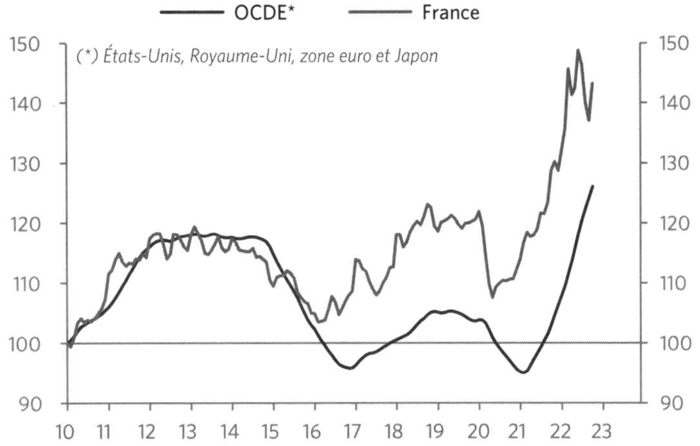

Sources : Refinitiv, sources nationales, Natixis.

D'autre part, les énergies renouvelables seront nettement plus chères que les énergies fossiles. L'intermittence de la production des énergies renouvelables nécessite de stocker l'électricité pendant qu'on peut la produire (par exemple, en utilisant l'hydrogène vert), ce qui est coûteux du fait des matériels nécessaires et de la faible efficacité énergétique des processus de stockage.

La hausse forte du prix de l'énergie va accroître les inégalités de revenu, puisque les ménages modestes consacrent une partie plus importante que les ménages aisés à acheter de l'énergie (en France, les 20 % de ménages en bas de l'échelle des revenus consacrent 15 % de leur revenu à acheter de l'énergie, contre 6 % pour les 20 % des ménages en haut de l'échelle des revenus). Si le prix de l'énergie double ou plus, en monnaie constante, dans les vingt prochaines années, ce qui est possible, le poids de la consommation d'énergie deviendra insupportable pour les ménages modestes. Il faut y ajouter le fait que les voitures électriques sont à ce jour nettement plus chères que les voitures thermiques.

Pour éviter une crise sociale, la seule solution sera de mettre en place des transferts publics permanents vers les ménages modestes, forfaitaires et non liés à leur consommation d'énergie (il ne faut pas subventionner la consommation d'énergie). Et il faudra bien sûr financer ces transferts publics, probablement par une taxation accrue des ménages aisés ou des revenus du capital.

Les politiques redistributives deviendront nécessairement plus importantes, plus ambitieuses, pour éviter que l'essentiel des revenus des ménages modestes ne soit absorbé par des dépenses contraintes. Déjà, avant la guerre en Ukraine, 60 % du revenu des 20 % des Français en bas de l'échelle des revenus était absorbé par le logement, l'alimentation et l'énergie. La hausse des prix de l'énergie et de l'alimentation depuis 2021, la nécessité de procéder à la rénovation thermique des logements, vont encore aggraver cette situation.

Définir des priorités dans les dépenses publiques

Aujourd'hui, les taux d'endettement public sont partout très élevés, et pourtant le besoin de dépenses publiques supplémentaires est très important : dépenses de santé, d'éducation et de formation, de réindustrialisation, d'investissement dans la transition énergétique, réduction des inégalités dues à la transition énergétique.

Comment concilier le besoin de réduction des déficits publics et des taux d'endettement public et le besoin d'accroître les dépenses publiques dans de nombreux domaines ?

Il n'existe au total que trois pistes. D'abord, renoncer à améliorer les finances publiques et se reposer sur des taux d'intérêt restant très bas pour financer des déficits publics permanents. On resterait alors dans une situation de dominance fiscale où la politique monétaire est assujettie au maintien de la soutenabilité de la dette publique, mais cette possibilité est très improbable, sauf au Japon grâce à l'absence d'indexation des salaires aux prix dans ce pays.

En effet, si les salaires ne réagissent pas à l'inflation, ce qui est le cas au Japon, la banque centrale peut décider de ne rien faire puisque l'inflation disparaît quand les prix des matières premières se stabilisent. Mais, dans les autres pays de l'OCDE, l'indexation assez forte (0,6 point de hausse des salaires pour 1 point de hausse des prix) interdit à la banque centrale de ne pas réagir à l'inflation en raison du risque d'emballement de celle-ci.

La deuxième possibilité est d'augmenter la pression fiscale, en particulier sur les revenus du capital, et donc de rompre avec la tendance qui veut que l'on réduise la taxation du capital (graphique 10.3). La taxation des rentes non liées à l'effort se justifie particulièrement dans cet environnement. Il s'agit de rentes provenant des prix anormalement élevés des matières premières, des plus-values en capital dues aux politiques monétaires expansionnistes, des positions de monopoles.

La troisième possibilité, enfin, est que les États sélectionnent les dépenses publiques les plus nécessaires, les plus stratégiques, et les privilégient par rapport aux autres dépenses.

Graphique 10.3.
Taux d'imposition des revenus du capital (en %)

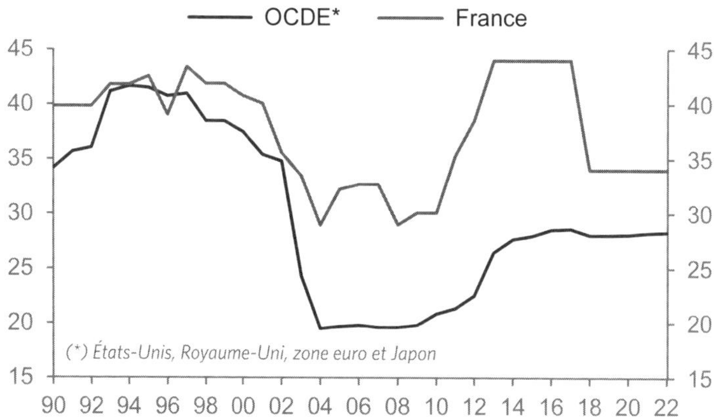

Sources : OCDE, Natixis.

En France, par exemple, la question se posera pour le poids des dépenses publiques de retraite : 14 % du PIB contre 9 % dans l'ensemble des pays de l'OCDE.

Peut-on envisager de réduire ces dépenses, en repoussant l'âge de la retraite pour pouvoir dépenser plus en matière d'éducation, de santé et de transition énergétique ? Ce débat est vif en France, avec le refus collectif d'augmenter le taux d'emploi des plus de 60 ans (35 % aujourd'hui contre 55 % pour l'ensemble des pays de l'OCDE).

De toutes les manières, il faudra résoudre la contradiction entre la nécessité de stabiliser ou même de réduire les dettes publiques et le besoin d'accroître certaines dépenses publiques stratégiques.

Développer les productions stratégiques

La crise du Covid et la perspective de la transition énergétique ont fait apparaître le caractère stratégique d'un certain nombre de productions : vaccins, équipements médicaux, semi-conducteurs, éoliennes, batteries électriques, hydrolyseurs et piles à combustible, matériel informatique...

Ces biens sont non seulement stratégiques, mais de plus font l'objet d'une demande en forte croissance. Il est donc indispensable de les fabriquer en France et de ne pas les importer.

Il faut comprendre que la transition énergétique sera une relocalisation, puisqu'elle permettra d'arrêter d'importer des énergies fossiles à condition toutefois que ces importations d'énergies fossiles ne soient pas remplacées par des importations d'éoliennes, de batteries électriques, d'hydrolyseurs pour la production d'hydrogène vert, etc.

S'il est possible de produire domestiquement ces biens stratégiques, alors il y aura bien relocalisation et donc gain en revenu.

En outre, ces relocalisations limiteraient certains goulots d'étranglement qui apparaissent aujourd'hui, par exemple sur les semi-conducteurs. Mais le problème est que le coût de production de cet ensemble de biens est nettement plus élevé (le double en moyenne) dans les pays de l'OCDE que dans les pays émergents. La souveraineté économique nécessaire ne pourra s'appliquer qu'à un petit nombre de biens. Nous avons vu plus haut qu'il n'y avait aucun ralentissement du commerce international, au contraire. La logique économique consiste toujours à délocaliser les productions vers les pays émergents, les relocalisations ne pouvant concerner que les productions stratégiques indispensables à la souveraineté économique.

Accroître le taux d'emploi dans les pays où il est faible

Le taux d'emploi (la proportion de la population de 15 à 64 ans qui a un emploi) est faible dans plusieurs pays du sud de la zone euro (France, Espagne, Italie), où il se situe entre 58 et 67 % contre une fourchette de 75 à 78 % en Europe du Nord, au Japon.

La faiblesse du taux d'emploi est essentiellement due à la faiblesse des compétences de la population active, à la faiblesse du niveau en mathématiques et en sciences des jeunes, au poids des impôts sur les entreprises ; ces difficultés aboutissant aussi à un âge précoce de départ à la retraite. Le graphique 10.4 montre une forte corrélation, quand on compare les pays de l'OCDE, entre le taux d'emploi et les compétences de la population active mesurées par l'enquête PIAAC (Program for the International Assessment of Adults Comptences) de l'OCDE.

Changer le système éducatif ou la nature du prélèvement fiscal permet alors de redresser le taux d'emploi, ce qui a des effets extrêmement favorables : capacité à réindustrialiser si des compétences scientifiques nouvelles apparaissent, accroissement des recettes fiscales et capacité à dégager des marges de manœuvre budgétaire pour la transition énergétique, réduction des inégalités de revenus avant les politiques redistributives et donc moindre

Graphique 10.4.
Taux d'emploi et enquête PIAAC de l'OCDE

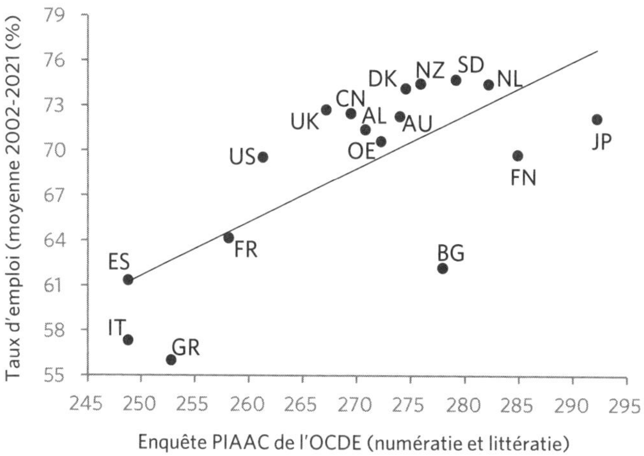

Sources : OCDE, Natixis.

nécessité de ces politiques redistributives, ce qui entraîne la possibilité de réduire la pression fiscale.

Les pays à taux d'emploi faible sont donc pénalisés de multiples manières qui s'amplifient entre elles. Le vieillissement démographique et la faiblesse des gains de productivité rendent la hausse des taux d'emploi indispensable pour qu'il puisse y avoir maintien du niveau de la protection sociale.

Malheureusement, redresser les compétences de la population active est très difficile. Cela requiert de changer le système éducatif (le modèle finlandais d'éducation, coopératif et inclusif, est souvent donné en exemple), de cibler la formation professionnelle sur les populations qui en ont le plus besoin (sur le modèle danois), de continuer à former les salariés tout au long de la vie et de ne pas arrêter la formation professionnelle à 50 ans à l'image des pays du sud de l'Europe.

Changer les objectifs des banques centrales

Aujourd'hui, la Réserve fédérale américaine, la Banque d'Angleterre, la Banque centrale européenne ont un objectif d'inflation de 2 %. Seule la Banque du Japon est passée à un objectif différent (le Yield Curve Control) : un taux d'intérêt à long terme compris entre 0 et 0,25 %, quel que soit le taux d'inflation.

On peut légitimement s'interroger sur la pertinence d'un objectif d'inflation restant à 2 % si l'inflation structurelle passait durablement au-dessus de 2 %. Cela pourrait être dû, comme on l'a vu plus haut, au vieillissement démographique et à l'excès de demande de biens et services induit ; à la transition énergétique avec la hausse associée du prix de l'énergie, aux relocalisations des productions aujourd'hui réalisées dans les pays à coûts salariaux faibles, à la segmentation du monde entre pays démocratiques et non démocratiques.

Si l'inflation structurelle devient significativement plus élevée que 2 %, on peut envisager d'abord de lutter contre l'inflation par la désindexation des salaires aux prix, comme au Japon, mais cette solution ne serait pas acceptée dans les autres pays de l'OCDE.

On peut envisager de lutter contre l'inflation par une politique budgétaire régulièrement restrictive, mais cela irait à l'encontre du besoin en dépenses publiques nouvelles.

Il reste donc la possibilité d'augmenter l'objectif d'inflation des banques centrales. Cela permettrait de maintenir des taux d'intérêt réels plus bas qu'avec un objectif d'inflation à 2 % et donc de faciliter le financement de ces dépenses publiques nouvelles ; de conserver des taux d'intérêt nominaux plus élevés, ce qui permet de réduire l'inflation davantage et d'avoir une marge de manœuvre plus grande pour la politique monétaire, lorsque l'économie reste en récession. C'est bien ce couple taux d'intérêt réel plus bas/taux d'intérêt nominal plus élevé qui est efficace.

Une autre problématique apparaît aujourd'hui, particulièrement en Europe tant que dure la guerre en Ukraine : faut-il que la BCE et la Banque d'Angleterre suspendent la lutte contre l'inflation en raison de l'entrée de l'Europe en « économie de guerre ». Effectivement, les gouvernements européens sont confrontés à des dépenses publiques plus importantes : dépenses militaires accrues, soutien des entreprises et des ménages confrontés à des prix de l'énergie très élevés. Cependant, il serait moins dangereux de financer ces dépenses publiques supplémentaires par des impôts exceptionnels, plutôt que de les financer par de la dette publique additionnelle. Après la Seconde Guerre mondiale, la taxe inflationniste avait réduit fortement les taux d'endettement publics. Mais une fois terminée la guerre en Ukraine, avec le recul des prix des matières premières, l'inflation risque au contraire d'être basse et la taxe inflationniste insuffisante.

Quelles priorités de politique économique après les crises dans les pays de l'OCDE ? Ces priorités visent à rétablir un partage équitable des revenus et des patrimoines après la déformation défavorable aux salariés modestes ; à stabiliser les prix de l'immobilier après leur forte hausse due aux taux d'intérêt bas et aux aides publiques aux ménages ; à réduire les inégalités dues à la hausse des prix de l'énergie, à court terme avec la guerre en Ukraine et à long terme avec la transition énergétique ; à définir des priorités dans les dépenses publiques ainsi qu'à définir certaines hausses d'impôts pour financer les dépenses publiques fort nécessaires ; à accroître le taux d'emploi dans les pays où il est faible ; enfin à réfléchir aux objectifs de la politique monétaire dans un environnement plus inflationniste.

Conclusion

Nous avons donné à ce livre le titre *De l'économie d'abondance à l'économie de rareté*, puisque la fin de l'économie d'abondance nous paraît être la rupture la plus forte que nous devions connaître. Certes, nous avons vu que certaines ruptures qui étaient attendues (dégradation de la situation des entreprises, relocalisations, hausse forte du chômage) n'étaient pas encore là. Mais la crise du Covid et la crise de l'énergie avec la guerre en Ukraine poussent à des ruptures inévitables.

Nous avons cité l'accélération de la transition énergétique, le bouleversement des chaînes de valeur et de l'organisation du travail, les raretés multiples (travail, matières premières, énergie...), l'organisation géopolitique, le rôle nouveau de la finance, les mutations du système monétaire international. La rupture la plus forte est indubitablement le passage d'un monde d'abondance (travail, matières premières, énergie) à un monde de rareté.

Nous voudrions revenir ici sur des évolutions, liées à ces crises, qui nous semblent fondamentales. D'abord, le mouvement vers une économie mondiale moins efficace et les moyens de l'éviter. Ensuite, la remise en cause du capitalisme néolibéral avec le besoin d'un État puissant et de banques centrales qui participent à la recherche du bien-être. Enfin, la possibilité que l'Europe avance dans un sens favorable avec davantage de coopération entre les États.

Nous conclurons ensuite sur les moyens de limiter les effets négatifs du passage à un monde de rareté.

Une économie mondiale moins efficace

Il faut accepter l'idée qu'après la crise du Covid et la guerre en Ukraine, et avec la transition énergétique, l'économie mondiale sera moins efficace.

Les pays de l'OCDE ont décidé qu'ils ne pouvaient pas dépendre du reste du monde pour un certain nombre de productions stratégiques. Ils vont donc relocaliser ces productions et réduire leur dépendance vis-à-vis des pays émergents qui s'était fortement accrue depuis la fin des années 1990.

Les relocalisations vont donner aux pays de l'OCDE la maîtrise d'un certain nombre de productions stratégiques, mais elles vont réduire l'efficacité productive globale du monde, qui est déjà affaiblie (graphique 1), comme le montre le recul de la croissance potentielle depuis 2006.

Graphique C.1.
Monde : croissance potentielle volume* (GA en %)

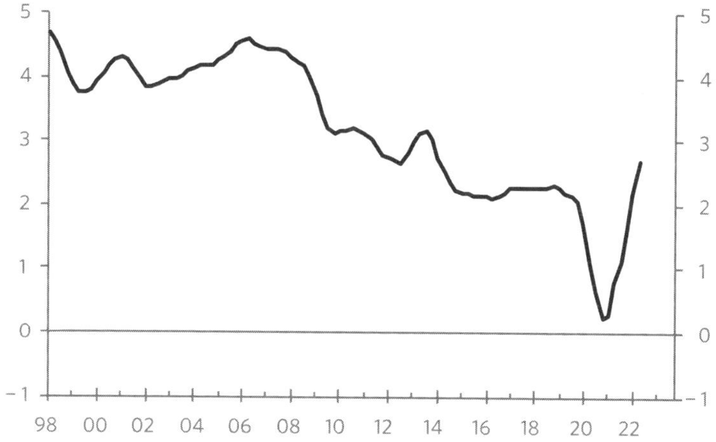

** Productivité par tête (GA en %) lissée sur les quatre dernières années + Population active lissée sur les quatre derniers trimestres (GA en %).*

Sources : Refinitiv, FMI, sources nationales, Natixis.

La guerre en Ukraine va amplifier cette segmentation de l'économie mondiale en conduisant à un isolement durable de la Russie qui a pourtant une production efficace d'énergie, de métaux et de céréales.

Enfin, la transition énergétique va conduire au remplacement des énergies fossiles par des énergies décarbonées avec une technologie de production d'énergies renouvelables moins efficace que celle des énergies fossiles, en raison de l'intermittence de leur production qui implique d'utiliser des technologies de stockage n'ayant une efficacité énergétique que de 40 à 50 %.

Pour éviter de subir cette perte d'efficacité de l'économie mondiale, il faudrait limiter les relocalisations aux productions stratégiques, améliorer les technologies de production d'énergies renouvelables, redresser la productivité du travail qui décline depuis la crise des *subprimes* (graphique C.2). Le vieillissement démographique aura des conséquences très négatives sur la capacité du monde à investir, en particulier pour la transition énergétique, s'il n'est pas accompagné d'un redressement de la production.

Graphique C.2.
Monde : productivité par tête (GA en %)
lissée sur les quatre dernières années

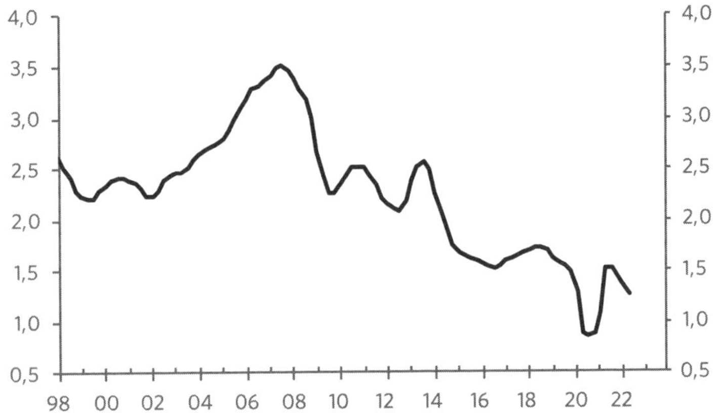

Sources : Refinitiv, sources nationales, Natixis.

La remise en cause du capitalisme néolibéral

Le capitalisme devient néolibéral au début des années 1980. On connaît ses caractéristiques : obtention d'une rentabilité très élevée du capital pour les actionnaires par tous les moyens possibles. D'abord, concentration des entreprises et détention de positions dominantes, hausse du levier d'endettement pour financer des rachats d'actions, déformation du partage des revenus au détriment des salariés, délocalisations vers les pays émergents, réduction du poids de l'État et enfin politique monétaire de lutte contre l'inflation sans interaction avec les autres politiques économiques et permettant de faire baisser les taux d'intérêt et de faire monter les prix des actifs financiers et immobiliers, c'est-à-dire d'augmenter les inégalités de revenu.

Le capitalisme néolibéral est aujourd'hui condamné pour plusieurs raisons. D'abord, la transition énergétique va nécessiter des investissements publics ou publics et privés associés très importants avec un horizon de long terme. Le poids de l'État va donc continuer d'augmenter en raison de ce besoin d'investissement que le secteur privé ne peut pas seul entreprendre.

Ensuite, la hausse du coût de l'énergie va imposer, pour être acceptable, des politiques redistributives nouvelles en faveur des ménages modestes qu'il faudra financer par une pression fiscale accrue.

Enfin, les désordres liés au capitalisme néolibéral apparaissent clairement : hausse des inégalités de revenu et de patrimoine (graphique C.3), crises financières à répétition avec la hausse de l'endettement, recul de l'investissement des entreprises.

On voit donc se profiler la déformation du capitalisme néolibéral vers un capitalisme de partenariat entre les entreprises et l'État, redistributif et régulé.

Le renouvellement du capitalisme touche aussi les politiques monétaires. La théorie de la politique monétaire développée au début des années 1980 (banques centrales indépendantes ne s'occupant que de ramener l'inflation au niveau de l'objectif d'inflation) est remplacée par

Graphique C.3.
OCDE* : proportion du patrimoine national détenu par les 1% d'individus possédant le patrimoine le plus important (en %)

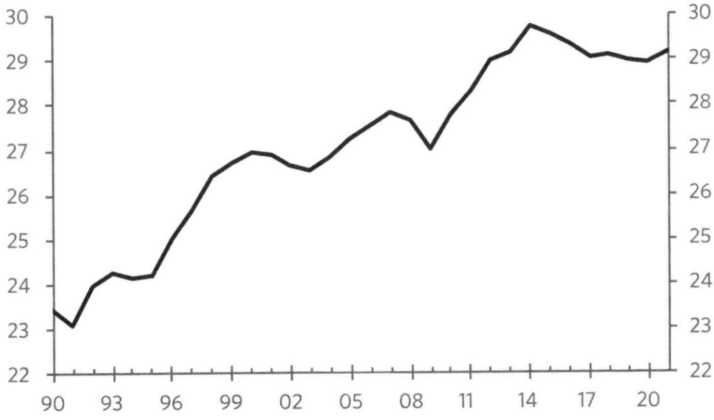

** États-Unis, Royaume-Uni, zone euro et Japon.*

Sources : WID, Natixis.

des banques centrales ayant une multiplicité d'objectifs (certes, lutte contre l'inflation, mais aussi maintien de taux d'intérêt aussi bas que possible pour assurer la soutenabilité des dettes publiques alors que les besoins de dépenses publiques sont élevés). Il ne s'agit pas, sauf au Japon, de passer à une théorie de la politique monétaire complètement différente (comme l'est la théorie monétaire moderne) mais de marier l'objectif d'inflation avec d'autres objectifs (maintien d'un taux de chômage faible, facilitation d'investissements publics, contribution à la transition énergétique).

Les avancées de l'Europe

« L'Europe n'avance vraiment qu'avec les crises », déclarait Jean Monnet, le père fondateur de l'Union européenne, et depuis la crise de la zone euro de 2010, en passant par la crise du Covid et la guerre en Ukraine, ces crises ont été nombreuses. Ces avancées consistent en l'abandon de règles de fonctionnement de l'Union Européenne qu'on croyait immuables.

Un des principes de base de l'Union européenne était le *no bail-out* : les pays européens ne doivent pas venir au secours d'un pays membre en crise ayant un problème de soutenabilité de sa dette et de financement ; ce pays doit se sortir lui-même de ses difficultés par des politiques d'austérité et des réformes.

Mais lorsque la crise de la zone euro s'est déclenchée après la crise des *subprimes*, ce principe a été abandonné pour éviter l'explosion de l'euro qui venait de la forte hausse des taux d'intérêt des pays périphériques et en conséquence de l'impossibilité de ces pays à se financer.

La BCE a mis alors en place (juillet 2012) le « *whatever it takes* » : des interventions (baisse des taux d'intérêt, achats de dette publique) qui stabilisent les taux d'intérêt des pays périphériques et découragent la spéculation.

L'Europe a aussi mis en place l'EFSF-ESM qui prêtera des montants très importants aux pays en difficulté : 41 milliards d'euros pour l'Espagne, 62 milliards d'euros pour la Grèce.

Il s'agit bien d'une rupture de la règle du *bail-out*, puisque la BCE et l'Europe viennent au secours financièrement des pays en difficulté. Ce choix a été très efficace, en évitant depuis 2012 une nouvelle crise des dettes en Europe.

La deuxième rupture a lieu au moment de la crise du Covid, avec la mise en place de Next Generation EU, un plan d'investissement européen centré sur la transition énergétique, le numérique, la santé et l'éducation visant à redresser la productivité et la croissance potentielle.

La règle jusqu'alors en Europe était que l'Europe n'était pas une « union de transferts » : les pays en bonne santé économique ne subventionnant pas les pays en difficulté de manière régulière, ce qui veut dire qu'il n'y a pas de fédéralisme.

Mais la partie de subventions de Next Generation EU met bien en place une union de transferts, puisque les subventions reçues par les pays les plus en difficulté sont bien plus importantes que celles reçues par les pays en bonne santé : ces derniers financent bien des transferts aux premiers, puisqu'ils rembourseront la dette empruntée par l'Europe pour un montant supérieur au montant reçu : 69 milliards de subventions pour l'Espagne et l'Italie contre 39 pour la France et 25 pour l'Allemagne.

Enfin, la guerre en Ukraine pousse aujourd'hui l'Europe à aller encore plus loin : Europe de l'énergie, même si certains pays recherchent encore des approvisionnements en énergie de manière indépendante les uns des autres ; création d'une Europe de la défense avec des budgets plus importants et une industrie européenne de la défense.

L'Europe, au cours du temps, s'est donc montrée capable de moderniser ses institutions.

Un environnement économique et des politiques économiques différentes après les crises

Nous avons donc de multiples ruptures après les crises : transition énergétique accélérée et ses effets, relations différentes sur le marché du travail, retour de l'État et des banques centrales sortant du pur objectif d'inflation, « sortie » du capitalisme néolibéral, relocalisations et retour de la politique industrielle, raretés durables et retour de l'inflation.

Certaines évolutions sont positives : les avancées de l'Europe, la mutation du capitalisme vers un capitalisme plus coopératif. D'autres vont poser problème : la conciliation de la lutte contre l'inflation et des investissements massifs nécessaire pour la transition énergétique ; le passage à une économie mondiale moins efficace avec les relocalisations et la segmentation du monde entre démocraties et pays autoritaires.

Mais revenons à la rupture essentielle : le passage d'une économie d'abondance à une économie de rareté. Dans les années 2000 et encore plus 2010, l'abondance caractérisait les situations du marché du travail avec l'arrivée des populations des pays émergents ; des marchés de l'épargne avec l'excès d'épargne des marchés émergents prêtée aux pays de l'OCDE, en particulier aux États-Unis ; des marchés de matières premières, en particulier d'énergie, avec le niveau élevé d'investissement en pétrole et gaz naturel.

Cette situation d'abondance (d'excès *ex ante* de travail, d'épargne, d'offre de matières premières) s'inverse brutalement à la sortie de la crise du Covid, avec la forte progression de la demande de biens, donc d'énergie, de métaux, de transport, de semi-conducteurs, et puis avec la guerre en Ukraine et la disparition de l'offre du gaz naturel russe ; enfin, avec le vieillissement démographique, en particulier en Chine, qui fait chuter l'offre de biens produits par ce pays.

Les économies retrouvent donc brutalement la situation des années 1970-1980-1990 marquées par les raretés : rareté du travail, rareté des matières premières, rareté de l'épargne aussi avec le fort besoin d'investissement lié à la transition énergétique. Naturellement, toutes ces raretés amènent la hausse des prix de l'énergie et des autres matières premières, la hausse des taux d'intérêt réels, la hausse des salaires réels, et de la part des salaires dans la valeur ajoutée.

Le problème majeur est que l'habitude avait été prise d'une société d'abondance, de la fin des années 1990 au début des années 2020 : la consommation d'énergie et des autres matières premières s'était beaucoup accrue, la rentabilité des entreprises avait beaucoup augmenté, les taux d'intérêt réels bas avec l'excès d'épargne avaient entraîné une forte hausse des taux d'endettement public et privé et des prix des actifs (actions, immobilier, entreprises).

Et il faut aujourd'hui corriger toutes ces évolutions avec le passage à l'économie de rareté : diminution de la consommation d'énergie, baisse des taux de profit et hausse des salaires réels, hausse des taux d'intérêt réels impliquant la baisse de l'endettement et des prix des actifs financiers et immobiliers. Le choc est massif sur la capacité à consommer l'énergie, sur le partage des revenus et sur la finance.

Probablement, ce choc aurait eu lieu ; mais sans le Covid et sans la guerre en Ukraine, cela aurait été progressif, donnant aux économies le temps de l'ajustement.

La transition énergétique, le vieillissement démographique, les relocalisations se seraient produites mais à moyen terme, pas en trois ans comme c'est le cas aujourd'hui. Certes, les États peuvent amortir le choc en utilisant des déficits publics élevés, toutefois cette stratégie a une limite dans une situation de taux d'intérêt réels en hausse et, à la fin, l'ajustement devra être partagé entre les ménages et les entreprises. Cela explique le retour d'un conflit de répartition des revenus et donc d'une inflation durable.

Liste des graphiques et tableaux

Table

DES MÊMES AUTEURS
CHEZ ODILE JACOB

Patrick Artus

Pour en finir avec le déclin. Les priorités économiques et sociales de la France (avec Marie-Paule Virard), 2022.

La Dernière Chance du capitalisme (avec Marie-Paule Virard), 2021.

40 ans d'austérité salariale. Comment en sortir ?, 2020.

Discipliner la finance, 2019.

Olivier Pastré

Où va l'économie mondiale ? Scénarios et mesures d'urgence (dir. avec Jean-Marie Chevalier), 2012.

Composition et mise en pages
Nord Compo à Villeneuve-d'Ascq

Achevé d'imprimer par Dupliprint
733, rue Saint-Léonard, 53100 Mayenne
N° d'édition : 4150-0418-X – N° d'impression : 2979357M
Dépôt légal : mars 2023

Imprimé en France